AF231102

CÓMO DEJAR DE PENSAR DEMASIADO DESDE AHORA

Libera tu Mente de la Presión del Pensamiento Excesivo

Nathan Pace

Copyright 2023 Todos los derechos reservados©.
Queda prohibida la reproducción, duplicación o transmisión del contenido de este libro sin la autorización directa y por escrito del autor. En ningún caso se podrá imputar al editor responsabilidad legal alguna por cualquier reparación, daño o pérdida monetaria debida a la información aquí contenida, ya sea directa o indirectamente.

Aviso legal:
Ninguna parte del contenido de este libro puede ser modificada, distribuida, vendida, utilizada, citada o parafraseada sin el consentimiento del autor.

Aviso de exención de responsabilidad:
La información aquí contenida sólo tiene fines educativos y de entretenimiento. No se ofrecen garantías expresas ni implícitas de ningún tipo. Los lectores reconocen que el autor no se dedica a prestar asesoramiento jurídico, financiero, médico o profesional.

ÍNDICE

Prólogo   7

Ser agradecido te hace feliz   13

Aquí y ahora   19

Elige sabiamente las batallas que vas a librar   25

¿Cómo ser positivo?   31

La energía de la meditación   37

Compárate con tu yo de ayer   45

Criticar y quejarse   51

Consciencia de la parte inconsciente   55

Frecuencia alta   63

Orden   69

¿Qué ocurre si ayudas a otra persona?   75

Placer por placer   81

A veces, menos es mucho más   87

El método para alcanzar la abundancia   93

Incomodidad positiva   99

Interpretación neutral   103

Ley de la atracción   107

Deberíamos intentar sentir más y pensar menos   113

Reflexión final   117

PRÓLOGO

Para empezar, me gustaría darte una calurosa bienvenida a este viaje que, a partir de ahora, estará únicamente bajo tu control. Mi más sincera enhorabuena por tener las agallas de dedicar tiempo y esfuerzo a tu propio desarrollo personal y a mantener tu propia calma interior. Los que tienen el valor de aventurarse fuera de su zona de seguridad y poseen la ambición de seguir su camino son pocos, así que enhorabuena. Eres valiente y tienes mucho que ofrecerte a ti mismo y a las personas que más quieres.

Cuando nos enfrentamos a un número excesivo de distracciones, somos más propensos a caer en el patrón de pensar demasiado. Dicho de otro modo, cuando no conseguimos vivir en el aquí y el ahora. A ver si lo entendemos: ¿qué implica esto? Si pensamos más de lo que sentimos, entonces no estamos viviendo el momento; si vivimos apesadumbrados por el pasado o preocupados por el futuro, entonces estamos abrumados por sentimientos de pena, ansiedad, culpa, ira y resentimiento... y pensamos en exceso.

Lo esencial es que nos demos cuenta cuanto antes de que el cerebro humano no distingue entre las experiencias del mundo real y las que sólo son imaginadas. La sensación que tienes cuando algo ocurre realmente en tu vida es idéntica a la que tienes cuando anticipas lo que va a ocurrir. Por lo tanto, tienes que empezar a tener en cuenta esa fuerza para poder utilizarla en tu beneficio. La gran mayoría de nuestras preocupaciones son infundadas o no se materializan en la medida en que tememos que lo harían. Por lo tanto, en lugar de preocuparte por ello, debes ponerte manos a la obra. Actúa en lugar de reaccionar ante la situación.

Cuando digo que evites reaccionar, por supuesto, me refiero a reaccionar de mala manera.

Es posible que llegues a la conclusión de que algunos capítulos de este libro tienen poco que ver con el problema del exceso de pensamiento que el libro aborda principalmente. Pero cada uno de ellos, a su manera, contribuye directamente a la calma y a la serenidad que experimentas en tu interior. También le ayudarán a concentrar su atención en el aquí y el ahora, disminuyendo gradualmente el parloteo mental que experimentas y proporcionándote el equilibrio y el bienestar que necesitas.

Permíteme asegurarte que ninguna de las ideas que voy a discutir contigo en estas páginas me es ajena. A través de mi propia experiencia personal, por necesidad, curiosidad y elección consciente, las he aprendido todas, asimilado, puesto a prueba y, en última instancia, incorporado a mi vida por el poder que tienen y los maravillosos resultados que producen. Además, sigo poniendo en práctica muchas de estas estrategias y secretos de forma habitual en mi día a día, ya que siempre hay algo más en lo que puedo mejorar o aprender para sentirme feliz y más agradecido.

Créeme cuando te digo que nunca sería tan deshonesto como para proporcionarte algo sin determinar primero si es eficaz o no; después de todo, ¿de qué te serviría a ti que yo hiciera eso? así como ¿de qué me serviría a mí? ¿De qué me serviría exponer al mundo algo que ni siquiera estoy seguro de que sea cierto o de si tiene alguna aplicación práctica?

Si alguien me enseñara algo, tendría la obligación moral de transmitir esa información a la siguiente persona para garantizar que la información no se quede obsoleta. Si lo he probado y me ha resultado útil, lo correcto es que lo comparta. Del mismo modo, habrá información que yo haya descubierto por mi cuenta o que sea el método de otra persona que yo haya versionado para adaptarla a mí y, en consecuencia, yo me adapte a ella.

Al menos hasta cierto punto, la mayoría de estas estrategias o experiencias están conectadas entre sí y pueden complementarse o influirse mutuamente. Cuando hayas interiorizado y puesto en práctica algunas de estas percepciones, notarás que tu perspectiva ha cambiado, que eres capaz de fijarte en detalles que antes habías pasado por alto, y que, lo que antes no estaba claro o era incomprensible sobre el mundo o sobre ti mismo, ahora te parece cristalino y fácil de comprender o poner en práctica.

Por aquel entonces, no podía entender algunas de las ideas que ahora puedo explicar con facilidad. No hacía mucho que había comenzado mi viaje hacia la mejora personal, y tenía mucho material que asimilar. Y, afortunadamente, aún me queda mucho por aprender. Pero así es la vida, y es una maestra tan brillante que, si no aprendes una lección, te la repetirá una y otra y otra y otra vez hasta que lo hagas. Si no la aprendes a la primera, seguirá poniéndote a prueba hasta que lo aprendas.

Lo beneficioso de implementar cualquiera de estas estrategias o ideas en nuestra rutina diaria es que, en cuanto las asimilemos y empecemos a aplicarlas, observaremos mejoras en nosotros mismos en relación con diversos factores. Por ejemplo, la actividad física no sólo hace que uno esté más sano, sino que también ayuda a que la mente y el espíritu se sientan más animados. La práctica de la meditación no sólo ayuda a relajar la mente, sino que también reduce la presión sanguínea, lo que a su vez mejorará la circulación, la concentración, la positividad y otros aspectos de tu vida. Y del mismo modo, con cada nuevo capítulo de este libro, tenemos la oportunidad de desencadenar un efecto dominó muy potente y beneficioso que nos ayudará a crecer en todos los frentes.

La sinceridad es lo único que puede forjar una conexión genuina entre dos corazones. Este libro conecta mi vida con la tuya y sirve de puente entre nosotros. Una de las formas más eficaces y atractivas de comunicación entre personas de culturas diferentes. No seré yo quien ponga en duda la longevidad de ese puente o plantee inquietudes sobre su posible futuro.

Por ello, me debo a mi palabra, a mis creencias y a mi coherencia para ofrecerte material que puedas compartir y utilizar para fomentar tu propio desarrollo personal.

Cuando llegué a la conclusión de que esta información me era útil, que funcionaba bien y que me ayudaba cuando lo necesitaba, me convencí de que debía difundirla a un mayor número de personas. Por otra parte, como todos sabemos, casi nadie se deja ayudar por otra persona hasta que no lo pide expresamente. Parece como si fuera de mala educación aceptar la ayuda de otra persona. Sería casi lo mismo que admitir que no podrías resolverlo por ti mismo, que confirmar públicamente que no tienes los conocimientos que quieren darte, o que afirmar que necesitas ayuda, y claro, en el mundo en que vivimos, admitir que necesitas ayuda podría considerarse "debilidad".

Pero, mi buen amigo, la verdad es que todos somos más o menos conocedores de un mínimo de hechos de la vida y totalmente incultos en prácticamente todo lo demás. Dicho de otro modo, somos expertos en prácticamente nada y estudiantes de todo. ¿Y por qué nos cuesta tanto reconocerlo?

¿Por orgullo, dignidad o preocupación por la apariencia? No sé cuál es la explicación más popular, pero para mí no tiene sentido por qué la gente lo hace. Todos, y repito, todos, necesitamos o podemos necesitar la ayuda adecuada en el momento oportuno. ¿Creemos seriamente que las personas más ricas del mundo, que son consideradas los tipos más "exitosos" del globo, llegaron a donde están totalmente por su cuenta y sin la ayuda de nadie más? No, señor, no creo que sea así.

En consecuencia, creo que hay momentos en los que necesitamos bajar un poco la guardia, al menos cuando se trata de aprender, dejarnos afectar por los demás, dejar a un lado nuestros egos y escuchar lo que los demás tienen que decir. Debemos tener la capacidad de escuchar sin sentir la necesidad de responder. Para comprender, hay que saber escuchar. Ponerse en el lugar de la persona que habla e intentar comprender por lo que ha pasado.

Y para progresar y aprender cosas nuevas, necesitamos tener una buena dosis de escepticismo, no sólo sobre lo que ya sabemos, sino también sobre nosotros mismos. Sólo así es posible el desarrollo y el progreso de casi cualquier tipo. Gracias a la absorción de nuevos conocimientos que, combinados con tu ADN y el resto de tus experiencias y hechos, darán lugar a la creación de nuevos métodos y a una evolución beneficiosa tanto de tu ser como del mundo que te rodea.

Ten el valor de descubrir tu nivel óptimo de bienestar. Tu cuerpo se sentirá ligero y resistente, tu energía será fluida y desbordante, tu actitud será positiva y alegre, y tu vida se sentirá diferente, llena de felicidad y abundancia cuando alcances este nivel ideal, máximo.

Dejémonos llevar. Dejemos de intentar ser algo que no somos y seamos lo que somos. Entreguémonos a nuestros sentimientos y dejemos de sobre analizarlo todo. En este preciso instante, no hay problemas que señalar. En este instante, hay completa y absoluta quietud, y nada malo tiene lugar. Cuando ya permitimos que la mente se involucre, llena el espacio de desorden. Cuando esto ocurre, puede resultar difícil localizar lo que ya no está en su lugar.

SER AGRADECIDO TE HACE FELIZ

Todo el mundo tiene la capacidad de cultivar un sentimiento de gratitud hacia los demás. No supone un gran esfuerzo ni una gran inversión de tiempo y, sin embargo, tiene el potencial de cambiar nuestra vida y nuestra visión de ella de una forma totalmente revolucionaria.

Cuando expresamos gratitud por todo lo que tenemos, entrenamos nuestra mente para ser más conscientes de las bendiciones que nos rodean. Nos concentramos en los aspectos positivos. Somos capaces de destacar las numerosas cosas buenas que están sucediendo en nuestras vidas en este momento.

Eso de que "aquello en lo que centras tu atención es lo que atraes o extiendes en tu vida", es algo que probablemente la mayoría de nosotros hemos oído en algún momento de nuestras vidas. Pero estoy seguro de que todos y cada uno de nosotros hemos oído el dicho de que "las desgracias nunca vienen solas". ¿No es curioso? Son esencialmente la misma cosa vista desde dos perspectivas diferentes. Si detengo mi atención en lo negativo, ocurrirán más cosas negativas. En cambio, si elijo concentrarme en lo positivo, sólo ocurrirán cosas agradables. Y si tú o cualquier otra persona de tu entorno sois realmente incapaces de reconocer las cosas positivas que ocurren a vuestro alrededor, deberíais echar un vistazo más profundo. Si no, prueba a mirar con otros ojos.

Es posible que tengamos la impresión de que no está ocurriendo nada agradable o de que no está sucediendo nada grandioso en este momento que seamos capaces de percibir. Sin embargo, si está ocurriendo algo especial. Tú estás aquí. El mero hecho de que sigas vivo ya es extraordinario de por sí. La idea de que puedas respirar por ti mismo es un tema de discusión intrigante. Eres capaz de leer estas líneas, has desayunado esta mañana, has dormido calentito, alguien te ha saludado por la mañana, has vuelto a casa del trabajo, tienes dinero para cubrir tus necesidades, cenaste anoche deliciosamente, puedes caminar usando los dos pies, etc, etc, etc. ¿Todavía crees que no hay nada que pueda considerarse positivo en tu vida?

No es necesario que ninguno de nosotros compare su vida con la de los demás. De hecho, es desagradable, como dice el proverbio, pero hagámoslo por simplificar un poco. ¿Cuántas personas viven en la miseria en todo el planeta? ¿Cuántas padecen hambre, frío, se encuentran en medio de un conflicto y otras condiciones? ¿Y a pesar de todo esto, tienen las sonrisas más amplias y radiantes que son humanamente imaginables en sus adorables rostros? Vaya... definitivamente es algo para sentarse en silencio y reflexionar. ¿Quiénes somos nosotros para juzgar entre los que tienen "tan poco" y los que tienen "tanto"? Ellos se ríen mientras van descalzos por el fango, mientras nosotros nos lamentamos en nuestro "castillo". El mundo occidental, a veces conocido como el primer mundo, lucha contra problemas como la depresión, el aburrimiento y la pereza. Estos problemas son el resultado de un comportamiento excesivo. Por el exceso de alegrías que son superficiales y pasajeras, por el exceso de estímulos que carecen de sentido y son temporales, y por el exceso de comodidad. Tanto la creatividad como el crecimiento de la raza humana se ven ahogados por la rutina y la comodidad.

Cuando tenemos más, queremos aún más. Y cuanto más queremos, menos valor damos a lo que tenemos.

No se trata de no disponer de recursos suficientes. O quizá sí lo sea. Todo se reduce al valor que le das a lo que tienes y a lo que eres. No se trata de conseguir todo lo que quieres; se trata de querer todo lo que ya tienes.

Cuando seas capaz de reconocer la riqueza ilimitada que te rodea, te darás cuenta de que todo va según lo previsto. Es suficiente en todos los sentidos. Todo lo que sucede es una bendición, una fortuna, una suerte, un regalo y un tesoro. Casi nunca ocurre nada verdaderamente malo. Y tú eres el afortunado que puede aprovechar la sabiduría de esa afirmación. Quítate la venda de los ojos y deja de pensar que los demás tienen "más" que tú comparándote con ellos. Mira el capítulo titulado "El placer por el placer" para aprender por qué no todo lo que brilla merece realmente tu tiempo y tu esfuerzo. No todos los que se consideran ricos viven una vida feliz. Pero practicando la gratitud, puedes encontrar la felicidad en la vida. No es necesario tener un millón de dólares para ser considerado "rico". Cuando estás sentado en el parque y sientes el sol en la cara, puedes sentir la buena fortuna y la enorme abundancia que tienes en tu vida. O salir a pasear con tu mascota un domingo mientras llueve. O ir a nadar al mar o a una piscina y experimentar cómo tu cuerpo flota en cierto modo desafiando la fuerza de la gravedad.

Hermano ¡qué alegría tenerte cerca en este momento! El hecho de que estemos aquí reflexionando sobre este tema tan revitalizante proporciona una sensación encantadora, ¿no te parece? Diles a tus pensamientos que se tomen un respiro y concéntrate en el aquí y el ahora; ¿no hay un sinfín de cosas por las que deberías estar agradecido en este preciso instante? Entonces deberías dar gracias: a todo, incluido el universo, Dios, Buda y Alá. A tu propia madre y a tu propio padre, así como a tu propia hija o hijo y a cualquier hermano o hermana que tengas. A tu vecino de al lado, al panadero y a la persona con la que trabajas. Tanto si se está solo como acompañado. Dilo y experimenta el poder transformador del agradecimiento. Observa cómo el universo te devuelve inmediatamente su energía cuando te sientes agradecido y los pelos de tu cuerpo se erizan como resultado. Esto ocurre tanto cuando expresas gratitud como cuando la das a conocer a los demás. Y haces todo esto no sólo porque quieres atraer más experiencias positivas a tu vida, sino también para poder reconocer y apreciar los muchos aspectos positivos que hay en tu vida ahora mismo, sin tener que esperar a que lleguen.

Ejercicio:

Nada más levantarnos de la cama, pongamos el cuerpo en movimiento con un ejercicio básico. Busquemos un lugar donde sentarnos y relajarnos una vez que nos hayamos refrescado bebiendo agua y yendo al baño o lavándonos los dientes. Pon las manos sobre el corazón y cierra los ojos. La mano derecha debe estar encima. Respira hondo y con calma, y concéntrate en sentir tu cuerpo mientras lo haces. Ahora es el momento de dar gracias por todo lo que deseas, lo que sea que consideres una fuente de bendición o buena fortuna en tu vida. Da gracias por tu vida, por la comida, por tu casa o tu trabajo, por tu familia y amigos, por tu salud; da gracias por haber crecido como persona o por querer crecer; da gracias por ser generoso o decidido; da gracias por ser sincero o sensible; o simplemente da gracias por el deseo de dar gracias.

La sensación inmediata debería ser de extrema positividad. El poderoso mensaje de que estamos agradecidos por todo lo que nos rodea se transmite a todo nuestro organismo, incluida la mente, el cuerpo y el alma. Cada célula de nuestro cuerpo recibe el conocimiento de que estamos sanos, alegres y rodeados de abundancia. Repito, esta información se transmite a cada célula de nuestro cuerpo. Es algo hermoso lo que sucede. Además, este ciclo tiene un bucle de retroalimentación positiva autosostenida.

Realiza este ejercicio todos los días durante el próximo mes y presta atención a cómo cambia tu conducta, tu actitud hacia otras personas y cómo reaccionas ante dificultades o situaciones que normalmente podrían tener un impacto negativo en ti. Estoy seguro de que te permitirá verlo todo desde una nueva perspectiva y reforzará tu mentalidad optimista y valiente.

Esta práctica transformará la lente a través de la cual vemos la vida y programará positivamente tu subconsciente para que, con el tiempo, los pensamientos que pasan por nuestra mente de forma inconsciente y automática sean cada vez más felices y no hagan más que reafirmar nuestra felicidad.

AQUÍ Y AHORA

"Mantente presente en el momento". "Carpe diem." "Aprovecha el ahora". "Diviértete con la vida". Todos hemos estado expuestos a estos tópicos del marketing, pero ¿somos capaces de ponerlos realmente en práctica?

Vivimos en una época en la que estamos inundados de información y estímulos, en la que hay cientos, si no miles de formas de obtener nuevos "conocimientos" de forma inmediata y prácticamente desde cualquier lugar del mundo. Esta es la época en la que nos encontramos.

Pero ¿cómo debemos sentirnos al respecto? Dicen que el exceso de algo es malo y estoy de acuerdo en que esto es cierto en la mayoría de las situaciones. Personalmente, creo que tener acceso a una cantidad excesiva de información es perjudicial por dos razones:

En primer lugar, no se da ningún valor a la información que se obtiene, ya que es excesiva y se utiliza en tan poco tiempo que desaparece en un abrir y cerrar de ojos. Mientras trabajamos para terminar de procesarla, ya hemos empezado a recibir la siguiente.

En segundo lugar, nos desconectan por completo del aquí y ahora. Son una fuente constante de distracción, y aunque los avances en tecnología e información pueden acercarnos a los seres queridos que viven lejos, estos avances también pueden hacer que nos sintamos más desconectados de los que están en nuestra proximidad inmediata. Actuando así, nos alejamos del momento presente, que es lo único que realmente puede decirse que "nos pertenece".

Imaginemos por un momento que un niño nace en un hogar acomodado. La familia tiene mucho dinero. Cada año, en su cumpleaños, el día de su santo y en Navidad, recibe una montaña de regalos de distintos tamaños, colores y precios. No se repara en gastos. Sus padres quieren que su hijo tenga lo mejor y que no le falte de nada, o tal vez creen que es una buena forma de educar a su pequeño, rodeado de lo que parece abundancia, aunque sea simplemente material. En cualquier caso, quieren que su hijo tenga lo mejor y que no le falte de nada.

La mayoría de las veces, el niño se convertirá en un mocoso que no sabe apreciar nada. Como ha estado expuesto a tantos estímulos y regalos diferentes, se aburre rápidamente de todos ellos. Tiene que ampliar constantemente su experiencia para mantener la alegría que le produce hacer cosas como recibir regalos o comprar zapatos nuevos. Todo gira en torno a las hormonas y al impacto que esas hormonas tienen en el cerebro humano. Ese subidón de dopamina no tarda en desaparecer y, al cabo de un tiempo, empiezas a sentir un vacío en tu vida, lo que te impulsa a buscar más y más estímulos para no tener que reflexionar sobre lo que está pasando. Es innegable que se trata de una adicción, además de un problema muy extendido en el mundo moderno. En la sección "El placer por el placer", profundizaremos en este tema.

Consideremos ahora el escenario desde el punto de vista opuesto: una niña que nace en una familia humilde que está en el límite de la pobreza, en la que todos contribuyen a las tareas del hogar y en la que se consideran bastante afortunados si son capaces de poner comida en la mesa una o dos veces al día durante todo el mes. La pequeña adora echar una mano a su madre y a su padre. Como no hay televisión en casa, pasa el tiempo conversando con su madre, leyendo y jugando con su única muñeca, que está algo gastada y ya no tiene el lazo bien atado. Imagínate la cara que pondría si, por un golpe de suerte, sus padres pudieran ahorrar algo de dinero para su cumpleaños y comprarle una muñeca nueva. Se alegrará pegando saltos de alegría, dando vueltas alrededor del salón y abrazando a sus padres mientras llora a lágrima viva y les expresa su gratitud. Esta niña no está acostumbrada al exceso de estímulos que se le presentan, por lo que no vive inconscientemente, consumiendo sin ningún sentido del autocontrol. Por el contrario, su mente se centra en el aquí y el ahora y vive el momento sin distracciones ni placeres sin sentido. Como resultado, valora mucho las cosas que se le conceden, las experiencias que vive y la vida que lleva con sus padres. Esta joven tiene potencial para convertirse en una buena persona que se contenta con tener muy poco o incluso menos.

El primer caso es exactamente lo que nos ocurre en el aquí y ahora. Estamos sometidos a tal cantidad de estímulos y a tal abundancia de información que nos llega a través del móvil, las redes sociales, los correos electrónicos, las llamadas, las películas, las series, el trabajo, las noticias, la prensa... que, por ejemplo, cenar con nuestra pareja, ya no tiene sentido ni utilidad. Y es que llevamos una vida caracterizada por el despiste, la distracción, el exceso de estímulos sin sentido, el desequilibrio de dopamina y el vivir con el piloto automático. Y, de hecho, las cosas que no vemos pueden ser las más importantes.

Si estás contento con tu vida, eso no beneficiará lo más mínimo a las grandes corporaciones publicitarias. Tienen éxito si compras y usas sus artículos y si esas actividades te hacen experimentar una momentánea y efímera sensación de "felicidad" o, más exactamente, de placer. Pero si tienes una sonrisa en la cara, hermano, un par de ropas rotas o un teléfono móvil anticuado no podrán quitártela.

Si estableces unos cimientos sólidos para tu felicidad, tu vida será estable y significativa y no necesitarás motivaciones temporales o falsas de fuentes externas porque ya habrás establecido esos cimientos.

Y no necesitarás el teléfono móvil más reciente, la camiseta de moda, la fragancia que lleva el actor famoso o el automóvil que se anuncia en televisión. Ya estarás en paz y libre de necesidad. Y, en el caso de que alguna vez tomes la decisión de comprar alguna de esas cosas, te deleitarás con ellas y las valorarás por lo que son: algo efímero y material que en modo alguno contribuye a tu sentimiento de identidad ni influye en el nivel de felicidad que experimentas.

Ejercicio:

Toca la pared más cercana si te encuentras distraído, molesto o, sobre todo, cuando te vienen malas ideas a la cabeza. Mientras lo haces, respira lenta y profundamente. Ahora, dirige tu atención a lo que estás experimentando: ¿la pared está caliente o fría al tacto? ¿La superficie es rugosa? Cuando pones la mano sobre ella, ¿qué sientes? ¿firmeza? ¿control? ¿apoyo?

Y ahora, por favor, dime dónde se encuentra esa mala idea o furia que te ha embargado.

Se trata de un método eficaz para aumentar nuestra capacidad mental de modo que no nos corrompan las interferencias mentales. Es un método para demostrarte que hay ciertas cosas que la mente suele hacer y que debemos demostrarle que no tenemos la mínima intención de hacerle caso cuando nos las recuerda.

Piensa por un momento ¿crees que los grandes hombres y mujeres que han alcanzado el éxito lo consiguieron por escuchar sus preocupaciones, inseguridades y pensamientos negativos? Yo no lo creo.

Tomémonos unos momentos para reflexionar sobre lo siguiente: ahora es el momento en el que todo sucede; ahora es el momento en el que podemos hacer algo por nuestro futuro; ahora es el momento en el que debemos hacer cosas que nos enorgullezcan hoy y nos enorgullezcan aún más en el futuro. Sé el director, el intérprete y el guonista de la película que es tu vida; no esperes a que otras personas te digan de qué tratará.

ELIGE SABIAMENTE LAS BATALLAS QUE VAS A LIBRAR

Hay muchas formas distintas de que algo se malinterprete y hay muchas posibilidades diferentes de que ocurra una u otra cosa: quizá no he sabido explicarme como quería, quizá he elegido las palabras o el tono incorrectos, o quizá el momento, las miradas o la expresión corporal no eran los adecuados. Además, también hay lugar a error si la otra persona recibe este mensaje mediante una llamada telefónica, un correo electrónico, un mensaje de texto en su teléfono móvil, etc. Es decir, si lo leen, lo lógico es que tiendan a imaginarse cómo lo habría expresado yo e interpretarlo a su manera.

Es posible que la otra persona tuviera un día difícil, se sintiera mal y le faltara paciencia para pararse a pensar si los comentarios significaban una cosa u otra en ese momento. Y debido a la forma en que está construida tu mente, así como a los conocimientos que adquiriste mientras crecías, te ayudará a interpretarlo en sentido positivo o negativo.

Parece que sería más sencillo de lo que realmente es llegar a un desacuerdo o malentendido basado en diferencias interpretadas de forma personal ¿no? ¿Por qué, entonces, preocuparse por tener razón? Es posible que ninguno tenga razón ¡o tal vez los dos! Cada uno leyó las palabras a su manera y, aunque no hubiera mala intención por ninguna de las partes, es posible que se haya llegado a un malentendido ridículo como resultado. Esto lo hace extremadamente relativo y subjetivo.

Existen numerosos métodos para saber elegir nuestras "batallas" o, más exactamente, para evitar los duelos de egos que no llevan a ninguna parte; no obstante, me baso totalmente en el conocimiento budista en este caso, como en muchos otros.

- **No hagas una ofensa personal:**

No son las palabras de la otra persona las que hacen que te sientas ofendido, sino la expresión o la actitud de la otra persona las que hacen que te sientas ofendido. Eres tú quien "decide", consciente o inconscientemente, sentirse ofendido o enfadado. Te alteras fácilmente incluso por las cosas más inocuas. Porque no estás de acuerdo, porque va en contra de tus principios, porque no es como tú lo harías o como tú quieres verlo o porque entra en conflicto con tus ideas.

No te resistas y no permitas que la idea provoque en ti una respuesta innecesaria y posiblemente injustificable. Acéptala y pregúntate si realmente es como tú lo percibes o si existe la más mínima posibilidad de que sea algo totalmente distinto sin dejar de ser completamente cierto.

No lo conviertas en algo personal, céntrate en mantener la calma y trabaja para alcanzar la paz interior. Es obvio que debes actuar siempre que puedas para evitar injusticias y abusos. Pero, al ofenderte, estás concentrando e intensificando la energía negativa que existe en ti, haciendo que perdure durante más tiempo.

- **Abandona la necesidad de ganar en todo lo que haces:**

Lo que algunas personas perciben como "perder", otras lo ven como una oportunidad para crecer. Lo que algunos consideran "ganar", otros lo llaman "disfrutar". Si dejas que el deseo de ganar te afecte o te transforme de alguna manera, te convertirás en alguien frío y apático que sólo busca victorias y títulos para hinchar el pecho y presumir de una identidad bellamente adornada, pero que está vacío por dentro. Si no dejas que te afecte o te transforme, seguirás siendo la misma persona que quiere ganar porque es una forma de que el ego se sienta poderoso.

Todos hemos sufrido victorias y derrotas, pero ¿hay alguna diferencia en la forma de ver el mundo? De hecho, es posible que fracasar sea incluso más beneficioso que triunfar, dado que el fracaso te deja un aprendizaje agradable que puedes cultivar, siempre que reconozcas que eres capaz de aprender algo, siempre que tengas voluntad y siempre que seas humilde. Pero la victoria no hace más que avivar las llamas del ego y diferenciarte de los demás. ¿Qué ocurrirá si el vencedor de hoy pierde mañana? ¿Se sentirá deprimido, irritado y con un concepto negativo de sí mismo? No tiene ningún sentido. Uno no se define por lo que posee, sino por lo que consigue, por cómo se siente y por cómo le hacen sentir los demás. No te define si ganas o pierdes; todo lo que tienes que hacer es tratar de observar sin emitir juicios y disfrutar de la vida sin tratar de superar a nadie más que a tu versión de ayer.

- **Olvida el deseo de demostrar que tienes razón siempre:**

Cuando estamos escuchando a alguien, la inmensa mayoría de las veces, en realidad estamos preparando nuestra respuesta, estamos acumulando munición para vomitar nuestras razones o motivos y estamos intentando establecer que nuestro argumento es el correcto y suficiente. Así es como protegemos la identidad que hemos asumido para nosotros mismos y expresamos nuestro deseo de diferenciarnos de los demás. Sin embargo, ya somos distintos unos de otros. Somos igualmente distintos. Pero nos esforzamos por ser precisos.

Queremos demostrar que sabemos más y que somos superiores. Pero esta batalla interminable es realmente ridícula. Vuelvo a recordar que ninguno de nosotros es experto en prácticamente nada, más bien todos somos aprendices de todo. Todos tenemos una familiaridad pasajera con varios temas, pero nuestro conocimiento de los demás conceptos oscila entre escaso e inexistente.

Al escuchar, sin pensar en cómo responder o, más exactamente, al escuchar sin pensar en absoluto y simplemente percibiendo las palabras, la actitud y los conocimientos que proyecta la otra persona, estamos permitiendo que nos aporte algo, que entre en nosotros y nos enriquezca parte del conocimiento que ha adquirido con sus experiencias. La variedad de la vida es lo que la hace tan interesante. Y dentro de la complejidad de la diferencia está el proceso de evolución.

Siento una oleada de libertad en cuanto suelto las ideas limitadoras del ego y acepto la posibilidad de que pueda haber otras verdades distintas de las que yo sostengo. Crezco. Permito que una nueva corriente de ideas entre en mi vida y las incorporo a ella, lo que hace que mi vida sea más vibrante y rica. No te cierres al flujo de información que viaja por la Tierra más allá de tu cabeza y date permiso para cuestionar incluso tu propia identidad en ocasiones, de modo que puedas dejar espacio para que otras realidades coexistan contigo e interactúen contigo.

- **Deja atrás el instinto de demostrar que eres mejor que los demás:**

Estamos acostumbrados, o más bien somos adictos, a pensar que somos mejores que los demás. Es posible que ésta sea la raíz de tantas críticas inútiles, celos y desprecios dirigidos contra las personas que tienen más o menos que nosotros, las que son diferentes a nosotros y las que se nos parecen. Da igual; lo importante es sentirse poderoso. Al despreciar a los demás, puedo evitar enfrentarme a mis ansiedades, defectos e inseguridades, que son los factores que me llevan a buscar mi fuerza en el habla y el comportamiento descortés, a esconderme detrás de vehículos y ropa caros, en joyas y en otros vicios vacíos.

Sólo tienes que ser mejor que el día anterior; sólo tienes que ser una versión más evolucionada de ti mismo. Esa es la única persona contra la que tienes que luchar para lograr tu objetivo de ganar. Y punto.

- **Libérate del deseo de acumular más cosas:**

Poseer, poseer, poseer. Para saciar nuestros apetitos, egos y deseos de sentirnos superiores a los demás o de ser incluidos en un grupo. Hay métodos más beneficiosos para sentirse integrado en un grupo que limitarse a poseer todo lo que tienen los demás. Si te consumes en vicios y placeres, acabarás quemándote y perderás por el camino tu sentido y tu razón de ser. Si amas el dinero, siempre querrás más. Si buscas amores de una noche, nunca tendrás suficiente y te será difícil o imposible valorar y mantener una relación estable.

Si consigues uno de tus objetivos, empezarás inmediatamente a planificar el siguiente y acabarás perdiendo un tiempo precioso que podrías dedicar a vivir, amar y aprender en lugar de centrarte en el próximo título o trofeo que añadir a tu colección.

La búsqueda de la felicidad, más que alcanzarla, es el verdadero premio. Es más importante ser que tener.

Estos son los principios del budismo que trataremos hoy; sin embargo, hay muchos otros que son igual de interesantes.

Si no somos capaces de apreciar lo que ya tenemos, adquirir más cosas no nos traerá la felicidad; por lo tanto, aprender a no sentirnos ofendidos, olvidar nuestra falsa necesidad de tener razón, de ganar o de sentirnos superiores, y aceptar que tener más no nos traerá la libertad, son pasos necesarios para alcanzar este objetivo. Libres del vaivén de nuestro ego, libres de los impulsos inconscientes que no nos hacen ningún bien y libres para saber escoger y seleccionar eficazmente nuestros conflictos.

Diviértete mientras aprendes estas nuevas habilidades y asegúrate de ponerlas en práctica para mantener la calma en tu mente y en tu vida.

¿CÓMO SER POSITIVO?

Te dirán: *"Tienes que tener una actitud positiva"*. Pero a veces puede ser todo un reto. Sobre todo, teniendo en cuenta los tiempos que corren últimamente. Por eso, es más necesario que nunca que aprendamos a generar, a sentir y a transmitir positividad, y a tenerla como actitud primaria ante la vida, porque nos puede beneficiar en más de una y en más de diez situaciones cada día.

Hay cosas en la vida que no salen según lo previsto. Los resultados no siempre son los esperados y, si escapan a nuestra capacidad de control, las repercusiones resultantes no siempre son agradables. Al menos, así es como nos hemos acostumbrado a percibir las cosas. Pero ¿cuántas veces hemos oído que "no hay mal que por bien no venga"? Y desde mi punto de vista, hay mucho de verdad en esa frase, porque muchas cosas buenas vienen después de incidentes que juzgamos como "malos".

Pongamos un ejemplo imaginario: hemos tenido un problema con el coche. El hecho de que haya que pagar al mecánico y que tengamos que buscar un medio de transporte alternativo mientras lo arreglan es, por supuesto, decepcionante. Si queremos llegar a tiempo al trabajo en transporte público, tendremos que levantarnos un poco antes de lo habitual. Pero si no perdemos el ánimo y nos esforzamos por mantener una actitud positiva, quizá después de dejar el coche en el taller, en lugar de ir corriendo al metro con prisa o estrés, puedas disfrutar del momento y relajarte. Quizá entonces decidas "invitarte" a desayunar en una cafetería en la que nunca habías estado; y, entonces, de repente, ¡te encuentras con un antiguo compañero de clase con el que hacía años que no hablabas! Recordáis los viejos tiempos, os ponéis al día y, de la nada, se os presenta la oportunidad de colaborar juntos en un proyecto profesional. ¡Vaya! Increíble ¿verdad? Menos mal que mi coche se rompió.

O veamos otra situación: llevas cinco años trabajando en el mismo sitio y, aunque hoy es un nuevo día en el calendario, atender a los clientes te parece un pequeño suplicio: hacer las mismas operaciones de siempre, pronunciar casi las mismas frases de siempre... estás verdaderamente aburrido o falto de motivación... Pero si sales del bucle en el que te encuentras y prestas un poco de atención al presente y haces un esfuerzo por ser más amable de lo normal, o le preguntas al cliente por su vida o su día, ¡todo cambiará milagrosamente a mejor! Instantáneamente, todo se vuelve mucho más interesante y agradable; habláis de todo, descubrís cosas que tenéis en común, compartís algunos chistes y os reís, ¡aunque ni siquiera os conozcáis! Es posible que esto también te presente a nuevas personas con las que puedes entablar relaciones comerciales o amistad. Y todo esto es el resultado directo de hacer un esfuerzo por mantener una actitud alegre y centrarte en el aquí y el ahora.

Es cierto que muchos pensamientos surgen espontáneamente de nuestra mente y que no tenemos ninguna influencia sobre ellos, al menos no podemos evitar que surjan. Sin embargo, lo que sí podemos hacer es decidir si prestamos o no atención a esos pensamientos cuando surgen.

Ejercicio:

Ignora cualquier pensamiento o sentimiento negativo que aflore cuando seas consciente de que se está abriendo paso a través del fino velo que separa tu subconsciente y tu mente consciente. En su lugar, concéntrate en cualquier otra cosa.

Haz alguna tarea doméstica, canta, haz algo de ejercicio, sube el volumen de la música y baila. A mí me ayuda tararear. Si mi mente no para de murmurar cosas desfavorables o desalentadoras, de repente me encuentro cantando una melodía inventada o una melodía conocida, da igual. *"Nana nana nanana nana nana nana naaa..."* y de repente desaparece esa idea negativa. Ya no está presente. Como está harta de que la ignores, ha decidido marcharse. Has vencido en este caso, pero el conflicto no terminará aquí. La diferencia clave es que ahora estás equipado con la estrategia de defensa adecuada para salir ileso de la situación. No oponer resistencia, aceptar por completo y centrarte en sentir más pensando menos.

Presto una atención mínima a lo que la mente tiene que decir, pero, si no puede ofrecerme nada beneficioso, rápidamente cambio mi atención a otra cosa, ya que no me interesa lo que tiene que decir. Sonrío amablemente y luego escribo mi lista de tareas del día o empiezo a calentar para hacer ejercicio. En el capítulo "Contacto presente", vamos a profundizar en esta idea.

Obsérvate cada vez que experimentes o más bien crees algo que es malo o que no aporta nada beneficioso para ti o para los demás. Esta es una estrategia adicional que puede utilizarse para reeducar el pensamiento. Analízalo. Si tienes esta sensación, deberías hacerte las siguientes preguntas:

Ejercicio:

¿Por qué tengo esta impresión?

¿Me lo creo de verdad, o es simplemente un arrebato sin sentido que no tiene nada que ver con lo que pienso o con lo que me gustaría hacer?

¿Es éste un ejemplo de pensamiento productivo o destructivo?

¿Es beneficioso para mí o para los demás que desarrolle esta idea o que emprenda algún tipo de acción en respuesta a ella?

Y, quizá lo más importante para mí: si estoy presenciando la aparición de un pensamiento, ¿quién es exactamente el que lo está pensando?

Mi punto de vista es que cometemos un error importante cuando confundimos nuestra mente con lo que somos como individuos. Nuestra conciencia consciente está bajo el control de nuestro subconsciente, y éste, a su vez, está bajo el control de la suma total de nuestras experiencias vitales y de los conocimientos que hemos aprendido. Hay representaciones, ideas, leyes y hechos que están arraigados en nuestro subconsciente, aunque la mayoría de las veces no somos conscientes de que están ahí. Pero tienen un impacto significativo en cómo nos comportamos, cómo respondemos a las cosas, cómo evaluamos lo que sucede y cómo vivimos nuestras vidas. Creo que hay motivación más que suficiente para querer seguir investigando más sobre el tema. Sobre todo, si somos conscientes de que hay alguna acción o actitud inconsciente e impulsiva que no nos está sirviendo ni a nosotros ni a las personas que están en nuestro entorno inmediato. El momento de educarse no puede ser mejor. Ser observador, analítico, aceptar y estar abierto a la práctica para progresar.

O, dicho de otro modo, cada acontecimiento por el que pasamos tiene la capacidad de proporcionarnos la educación que necesitamos. Pero sólo si nos mantenemos alerta. Cuando estamos calmados y prestamos atención, el universo se despliega ante nosotros y nos revela todas sus ilimitadas oportunidades. Y ten siempre presente que la sonrisa es lo único a través de lo cual todas las personas de esta tierra pueden entenderse y comunicarse entre sí.

¿Crees que es una pérdida de tiempo y energía concentrarse en ser optimista?

LA ENERGÍA DE LA MEDITACIÓN

¿Qué opinas de la oportunidad, el poder y la fuerza que tienes para mejorar tu bienestar y tu salud simplemente cambiando tu forma de pensar? Es una idea maravillosa, ¿verdad?

Practicando la meditación podemos aliviar parte de la tensión y la ansiedad que conlleva la vida. Olvidamos las preocupaciones que nos persiguen y, cuando nos vemos obligados a enfrentarnos a ellas de nuevo, lo hacemos con una perspectiva fresca. Nos brindamos la oportunidad de restablecer la conexión con nuestra naturaleza interior, que es la fuente de nuestra serenidad y sensación de bienestar".

Las alteraciones que se producen en nuestro cuerpo como resultado de la meditación incluyen:

- Disminución de la presión arterial, lo que se traduce en una mayor sensación de calma; y activación de regiones específicas del cerebro que están asociadas con el amor, la empatía y la compasión.
- Nos ayuda a ser más coordinados y a estar más concentrados, además de mejorar nuestra memoria y nuestra estabilidad emocional.
- Alivio de los signos y síntomas de la depresión y la ansiedad.

En la actualidad hay un gran número de estudios científicos que avalan el uso de este tipo de prácticas. Los científicos son ahora capaces de identificar claramente las regiones del cerebro que se ven afectadas mientras se medita gracias al desarrollo de las pruebas de escáner cerebral. Y los resultados son extremadamente satisfactorios y prometedores en todos los sentidos. Por lo tanto, ya existen pruebas convincentes por parte de la comunidad científica de que meditar con regularidad nos otorga la capacidad de alterar nuestros pensamientos positivamente. Y en gran medida.

Otros efectos beneficiosos que pueden atribuirse a la meditación regular:

- Nos facilita un sueño más reparador.
- Alivia la tensión muscular.
- Reduce los niveles de la hormona cortisol, que se produce en respuesta al estrés y la ansiedad.
- Al aumentar la cantidad de oxígeno en el organismo, disminuye el riesgo de desarrollar cáncer.
- Facilita la desconexión y la relajación de la mente.
- Tiene un impacto positivo en nuestra salud en general.

Creo firmemente que deberíamos empezar a practicar la meditación desde una edad temprana. Porque no sólo a nivel individual, sino también a escala colectiva, se producirían cambios drásticos tanto en la calidad de nuestras vidas como en la forma en la que interactuamos unos con otros. No cabe duda de que la civilización progresaría de forma beneficiosa en su relación con la naturaleza y prestaría más atención al impacto que tiene en el entorno que la rodea. Probablemente nos cuidaríamos mejor, también comeríamos con más conciencia, sin infligir un sufrimiento tan grave a los miles de millones de animales utilizados en la agricultura y en los procesos industrializados para su consumo.

Y esto sería posible sólo reservando un poco de tiempo al día para sentarte en silencio, centrarte en tu propio bienestar y liberarte de cualquier tensión que puedas sentir. No parece tan difícil, ¿verdad?

Los comienzos de la práctica de meditación

Nadie nace con el conocimiento. En algún momento, tendremos que empezar a aprender, como todo el mundo. El proceso de aprendizaje es un activo inestimable, ya que nos ayuda a madurar para convertirnos en mejores versiones de nosotros mismos y nos prepara mejor para las experiencias que nos esperan.

Diviértete con esta experiencia única que tiene el potencial de proporcionarte muchos beneficios que te ayudarán a mejorar su salud y bienestar de una forma completamente natural.

Sentarse con la espalda recta y escuchar música relajante, preferiblemente música sin letra, es todo lo que se necesita para lograrlo. Disfruta del momento de tranquilidad que has creado para ti inspirando lenta y profundamente mientras te esfuerzas por sentir más y pensar menos. No se trata de reprimir tus pensamientos ni de sentirte culpable por pensar, porque esas cosas surgen de forma natural. Se trata de ser capaces de centrar nuestra atención en la música, en nuestro cuerpo o en nuestra respiración cuando nos viene un pensamiento a la cabeza. La aromaterapia y el uso de aceites esenciales son dos formas de ayudarse al principio.

En los párrafos siguientes, te mostraré varios tipos distintos de meditación para que empieces a practicarlos:

A continuación, se indican algunas formas diferentes de meditar:

- Simplemente observar una fotografía, un dibujo o la propia pared. Podremos alcanzar un estado de relajación y paz respirando de forma lenta y profunda.

- Los mantras pueden escucharse o recitarse; en cualquier caso, ten en cuenta lo siguiente: la energía es vibración y la música también. Escucha música relajante o recita mantras y adquirirás la energía agradable y serena que buscas. Este es uno de los propósitos de la meditación: elevar nuestra vibración.

- La concentración en la respiración es el tipo de meditación que se practica con más frecuencia o el más conocido, aunque la mayoría de las personas descubren que responden más favorablemente a una forma concreta de meditación. Siente cómo entra el aire al inhalar y cómo sale al exhalar. Esto es todo lo que tienes que hacer. Concentra tu atención en el camino que toma el aire al entrar y salir de tu cuerpo, la sensación que te produce o la calma que te da.

La perseverancia es el factor más decisivo en cualquier esfuerzo y ver resultados no es una excepción a esta regla. Te prometo que, con el tiempo, serás testigo de enormes mejoras en tu forma de ser y actuar y que, estas mejoras, se quedarán contigo si continúas practicando.

Estos son algunos de los enfoques más fundamentales de la práctica de la meditación. Pero también existen otras variantes de ellos, así como combinaciones de estos; lo importante es recordar que, para practicar cualquiera de ellos, necesitarás disponer de un entorno tranquilo que esté libre de interrupciones y dedicarte a respirar profundamente.

Comenzar una práctica regular de la meditación

- Practica un poco por tu cuenta: investiga, hazte a la idea y experimenta con los distintos métodos; verás que es fascinante.

- Leer un libro o ver un tutorial de vídeo: como vivimos en la era de la información, tienes multitud de opciones para adquirir los conocimientos que buscas; lo único que tienes que hacer es ponerte manos a la obra.

- Debes buscar el consejo de un amigo que esté familiarizado con la meditación; seguro que conoces a alguien que medite o a alguien que conozca a alguien que medite. No hay lugar para las excusas si quieres conseguir algo.

- Apúntate a un curso: probablemente haya cientos, si no miles, de clases diferentes de meditación y atención plena que se ofrecen en distintas partes de tu ciudad. Puedes apuntarte a una de estas clases hoy mismo. Aprende todo lo que puedas e inténtalo. Tienes mucho que ganar y muy poco que perder.

Meditación Pranayama

Me gustaría mostrar una de las meditaciones que he encontrado más útiles y agradables cuando empecé a practicar. Se trata de una forma de meditación Pranayama. Es una práctica bastante sencilla.

Ejercicio:
Relaje los hombros y mantenga la espalda recta mientras se sienta con las piernas cruzadas. Mientras inspira

suavemente por la nariz, debe taparse uno de los orificios nasales. Ahora destapa ese lado y tapa el orificio por el que estabas inspirando aire. Exhala lentamente por el lado que ha quedado al descubierto y, a continuación, sin prisa ninguna, vuelve a inspirar por ese mismo lado que has usado para expulsar el aire. Después tápalo y expulsa el aire por el lado contrario. Y así sucesivamente.

Respira lenta y profundamente mientras aprecias la paz y la tranquilidad que te rodean.

Este tipo de respiración ayuda a equilibrar los dos hemisferios de nuestro cerebro de forma similar a la que se consigue recitando el famoso OM en un mantra. Gracias a ello, nos resultará más fácil mantener un equilibrio energético saludable y no tendremos problemas para entrar en un estado profundo de relajación.

Prácticas de meditación en movimiento

Con el tiempo notarás que está más tranquilo, que duermes mejor y que te resulta más fácil no estresarse. O quizá ya no tengas tanta prisa por ir a trabajar y, como consecuencia, puedas disfrutar más del trayecto en coche o de la música que suena en la radio.

El ejercicio también es una estrategia que puede practicarse en cualquier momento del día y que te ayudará a relajar la mente, reducir la ansiedad y el estrés, aumentar tu capacidad de concentración y mejorar tu habilidad para tomar decisiones.

Siente tu cuerpo, lleva tu atención a él, respira profundamente y concéntrate en la sensación del aire que entra en ti mientras lo haces. Haz esto siempre que te encuentres teniendo pensamientos negativos, tanto si te vienen consciente como inconscientemente. Presta mucha atención a la sensación en los brazos, los pies y el resto del cuerpo en su conjunto.

Y de repente, el pensamiento pesimista desaparece. Ya no está ahí. Puede que hayas vencido en este combate, pero ahora debes prepararte para la "guerra". Es decir, si deseas paz. Eso es lo que se suele decir ¿verdad? Espero que tengas un día maravilloso y que seas capaz de apreciar el impagable viaje que es la meditación. Paz.

COMPÁRATE CON TU YO DE AYER

Compararse con los demás se convierte en algo muy común para la mayoría de nosotros desde una edad temprana. Es algo que ocurre con tanta frecuencia que lo hacemos de forma casi inconsciente y es una inclinación de nuestra conducta que en realidad no aporta nada positivo a nuestras vidas ni a nuestros niveles de felicidad.

Eras el único alumno de tu clase que no tenía el juguete de moda, así que suplicabas a tus padres para que te lo regalaran cada vez que podías. Tenías que ser como ellos y tener las mismas cosas que ellos; de lo contrario, experimentarías la sensación de ser diferente. Vaya... ¡diferente! Es tan pesado destacar entre la multitud, ¿verdad? Eso es lo que hemos creído toda nuestra vida, o más exactamente, eso es lo que nos han hecho creer.

Te ponían en una clase de refuerzo de matemáticas si eras bueno en literatura e idiomas, pero no muy bueno en matemáticas. Esto se hacía para que tuvieras el mismo nivel que los demás alumnos y para que no te diferenciaras de ellos. Eso, sin embargo, no tiene sentido visto desde mi perspectiva. Por mucho que alguien intente parecerse a otro, nunca será igual. Hay una gran variedad de formas de inteligencia y, dado que la inmensa mayoría de nosotros sólo poseemos algún tipo de inteligencia en un área u otra y no en todas las demás, esto pone de relieve el hecho de que todos somos únicos. Entonces ¿por qué esforzarse tanto en parecer igual a los demás? Es la forma más eficaz de perder tu identidad y ahogar la creatividad, de hacerte olvidar el talento y la habilidad que la vida te dio en un campo u otro.

Si tu hijo es malo en matemáticas, pero bueno en literatura, no le pongas sólo clases particulares de matemáticas, ¡pónselas también de literatura! De este modo, podrá desarrollar plenamente su potencial en el área que le diferencia de los demás y que se le da bien. Si actuamos para parecernos a los demás, corremos el riesgo de obtener lo que ellos tienen y si recibimos lo que ellos tuvieron ¿crees que eso te completará? Si es así, ¿era eso lo que querías conseguir o lo que quería la persona a la que querías parecerte?

Si actúas como alguien que no eres, atraerás cosas que no son compatibles con quien eres. Es más probable que atraigas cosas que encajan con tu personaje o máscara en vez de con quien realmente eres.

Como jóvenes, nos motiva integrarnos, sentir que formamos parte de algo e interactuar con los demás. Nada de esto es negativo, con la excepción de que podamos acabar perdiendo nuestra identidad. Casi todos, sin siquiera darnos cuenta, construimos una armadura que nos sirve para protegernos de los llamados "asaltos" del mundo exterior. Para ocultar cualquier signo de vulnerabilidad y evitar ser un blanco fácil, nos revestimos de un aire de fortaleza e insensibilidad. Es lamentable pero cierto, esto es así en mayor o menor medida para todo el mundo, dependiendo de la región, el país y las condiciones en las que uno se haya criado. Es algo de lo que rara vez se habla y sin embargo casi todos lo hacemos. Es un tipo de autopreservación emocional, así como una forma de seguridad personal.

Si revelas cómo te sientes, pueden utilizarlo en tu contra; si cuentas demasiado sobre ti, te envidiarán y te juzgarán, etc. Si muestras cómo te sientes, pueden utilizarlo en tu contra. La gente incluso pide perdón cuando llora durante un evento, una reunión u otra actividad similar ¿Por qué necesitas pedir perdón exactamente, por estar vivo o sentir?

Me entristece pensar que una persona se avergüence de expresar que siente o de que es "vulnerable" de alguna manera. Llorar o reconocer tu sensibilidad no te hace débil, más bien te hace poderoso y real, maduro y consciente, y no veo nada malo en ello. Mi punto de vista es que no hay nada malo en expresar tu sensibilidad o llorar. Yo, por lo menos, he llorado, lloro y lloraré sin importarme quién esté delante, si estoy viendo una película o un documental que tenga una escena que me haga sentir algo, ya sea una escena difícil o tierna. No me importa si es mi mujer o todo un cine lleno de gente.

La capacidad de sentir te separa de un mundo que, a veces, puede ser hostil y frío. Sentir es agradable, es bello, es humano. Te permite apreciar la vida desde otros puntos de vista y fijarte en los pequeños detalles que hacen grande el presente. Pero lo más importante es que el sentimiento te diferencia de todo aquello sintético, artificial o frío con lo que nos relacionamos a veces.

Una de las experiencias más enriquecedoras que uno puede tener es sentirse de acuerdo con su personalidad única, completa, con todas sus virtudes y habilidades, así como sus peculiaridades. Después de quitarse la coraza, podrá ver el mundo a través de sus ojos reales y podrá atraer lo que conviene a su yo auténtico en vez de lo que le conviene a su caparazón.

Lo creas o no, todos somos bichos raros y todos somos tan diferentes como parecidos entre nosotros. ¿Cuál es exactamente la obsesión de este mundo con que nos comportemos con normalidad? No tiene sentido. Si dedicas tu tiempo y esfuerzo a intentar ser como los demás, olvidarás quién eres. Si malgastas tu vida comparándote con otras personas, no serás capaz de apreciar lo mucho que has crecido y lo mucho que has aprendido por el camino.

Además, uno de los métodos más eficaces para impedir que la felicidad arraigue en tu vida es compararte constantemente con otras personas. Porque estarás pensando en lo que esa otra persona tiene que tú no tienes y quizá lo consiguió de una manera diferente y probablemente signifique algo completamente distinto para ella que para ti. Somos únicos y no debemos compararnos con nadie por la sencilla razón de que nadie es como nosotros. No recibimos la misma educación ni tenemos los mismos padres, ni el mismo ADN, ni la misma mentalidad, ni la misma forma de ver o realizar las cosas porque no nacimos ni nos criamos según sus normas. Entonces ¿por qué querría yo lo que tiene esa otra persona, por avaricia o por envidia?

Si eso es lo que necesito para convertirme en otra persona ¡que así sea! Sin embargo, debes esforzarte por ser una versión mejor de ti mismo en lugar de imitar la versión de otra persona.

Acepta las partes de ti mismo que no puedes alterar y trabaja para mejorar los aspectos que sí puedes. Y sea lo que sea lo que admiras de ti mismo, cultívalo, mejóralo, amplíalo y conviértelo en tu firma y tu sello personal. Si te comparas con otra persona, hazlo para obtener algo positivo de la experiencia y no para envidiarla o sentirte mal por cómo te van las cosas.

Por mi propia experiencia, estoy seguro de que, si uno se centra simplemente en ser él mismo, sus relaciones serán más auténticas, sus amigos serán más devotos y afectuosos y su calidad de vida en general mejorará notablemente.

Un destino terrible aguarda a la persona que confunde su disfraz con su identidad genuina, su pensamiento con su propio yo y su ego con su propio ser. Somos, no creemos ser. Evidentemente, si quiero ser de una forma u otra y hago lo necesario para serlo, acabaré siéndolo; sin embargo, no es eso lo que quiero expresar ahora. Más bien quiero decir que somos más sentimiento que pensamiento, más ser y dar que tener, vivimos mejor cuando vivimos más en el ahora que en el pasado o el futuro, cuando estamos más presentes que distraídos. Eso es lo que quiero decir.

Ejercicio:

El ejercicio anterior, que se describe en el capítulo titulado "Crítica y queja", es comparable a éste. Cuando te des cuenta de que te estás comparando mental o vocalmente con otra persona, debes dejar de hacerlo inmediatamente. Examínate cuidadosamente. Considera la motivación que hay detrás de esta perspectiva que tienes.

Tal vez sea envidia, celos o incluso simple fastidio. Nada de esto es alentador. Tómate un momento para hacer una pausa y respirar. Echa un vistazo a tu vida y a todo lo que has conseguido hasta ahora para darte cuenta de lo lejos que has llegado. Tienes un lugar donde vivir, comida, amigos y salud, además de probablemente mucho más... y con todo eso, tienes más de lo que tienen la mayoría de nuestros hermanos y hermanas humanos en la tierra.

¿Y vamos a ser de los que no saben apreciar lo que tienen? No. Debes negarte categóricamente a dejarte llevar por esos pensamientos que no pueden aportarte ningún beneficio. Simplemente por el hecho de haber venido a este mundo ya has alcanzado el éxito. Fuiste seleccionado entre cientos de millones y viajaste hasta el óvulo, donde creasteis vida juntos y finalmente esa vida nació y se convirtió en ti.

Eres genial. Eres maravilloso seas quien seas. Quiero que repitas conmigo: "SOY GRANDE". Una vez más, por favor repite esa frase para mí: "SOY GRANDE". Ahora, con más ganas, repite después de mí: "SOY GRANDE". Sal ahí fuera y consigue tus objetivos. Tú eres el dueño de tu mundo.

CRITICAR Y QUEJARSE

"¡Qué día más malo!" "¡Estúpido, mira por dónde vas!" "ese tío es un..." "Tengo que hacerlo y no lo soporto". "Odio mi trabajo, pero es lo que hay", etc., etc., etc.

Estos comentarios y quejas, junto con cientos, o mejor dicho miles de otras críticas y quejas, son lo que estamos acostumbrados a oír o decir día tras día. Incluso más fuertes y con peores términos. De hecho, hay frases y refranes muy conocidos que, por alguna razón inexplicable, contienen más de una palabra o frase desfavorable pero que, sin embargo, están arraigados en nuestra cultura.

Son una completa y total pérdida de tiempo y esfuerzo. Literalmente.

Si dedico, aunque sea una pequeña parte de mi tiempo, recordando lo mucho que me disgusta mi trabajo, me sentiré mal sólo por decirlo y me sentiré así desde el momento en el que lo diga hasta el momento en que salga de la oficina o de mi trabajo y deje de trabajar. Y mientras tanto, se habrá establecido en nosotros un recuerdo mental que nos dice cosas como "esto no me gusta", "es una porquería" y "¿por qué no soy capaz de encontrar otra cosa?", así como otras expresiones arrogantes o autocompasivas y emocionalmente destructivas.

Hay métodos y medios para afrontarlo, o más concretamente, hay dos formas de actuar: aceptarlo o cambiarlo. Si bien es cierto que es normal que algo o muchas cosas nos perturben en nuestra vida cotidiana, existen métodos y medios para afrontarlo.

¿Por qué voy a invertir más tiempo en mi vida en algo que no puedo cambiar y que ya sé que no me gusta, si ya sé que no me gusta? ¿Por qué debemos manifestar nuestra desaprobación con palabras? Eso no aliviará en nada nuestro malestar y, en cambio, hará que la situación sea mucho más difícil de afrontar. El trabajo se hará mucho más largo y pesado, las horas parecerán eternas y el tic-tac del reloj avanzará aún más despacio de lo normal.

Puede parecer que nos estamos desahogando y soltando lastre, pero, en mi opinión, lo que en realidad estamos haciendo es reforzar y consolidar esa sensación desagradable, dándole poder sobre nosotros y afectando así negativamente a nuestra energía, vitalidad y positividad.

Dado que lo que expresamos al mundo a través de las palabras tiene el potencial de tener un efecto positivo o negativo sobre nosotros, debemos tener en cuenta el poder de las palabras que decidimos utilizar. No mantengamos en nuestras vidas algo que no contribuye a un estado de ánimo positivo durante más tiempo del estrictamente imprescindible. Nos merecemos algo mejor. Tú te mereces algo mejor.

Todavía hoy, cuando me encuentro en medio de una queja, en lugar de utilizar un adjetivo descalificativo o insultante cargado de ira y en el que invertiré una parte de nuestro tiempo y energía que nunca recuperaré, me callo a mitad de la frase o la termino con un "no me gusta". Esto se debe a que sé que, si digo el adjetivo calificativo, será negativo o desagradable y me contaminará y quiero evitar decirlo.

Poco a poco estamos adoctrinando a nuestra mente subconsciente hasta el punto de que empieza a comprender que no nos gusta escuchar quejas y críticas, ya que no tienen sentido y que no vamos a dedicarles ni un segundo más de nuestra vida. Al hacerlo, estaremos en condiciones de poner fin a la interminable corriente de negatividad que tiene el potencial de surgir por sí sola de nuestra mente sin aparente motivo.

Ejercicio:

Cuando te des cuenta de que estás a punto de emitir una queja o de hacer una crítica destructiva, detén tu línea de pensamiento y abstente de hablar. Analízalo. Examínate cuidadosamente. No emitas juicios, no hables de forma crítica y no des autoridad sobre ti al "mal" que ya se ha producido. Canta, tararea, baila, haz flexiones o simplemente charla sobre las cosas que tienes que hacer hoy. Intenta cambiar el chip. Cambia de marcha y piensa en algo completamente distinto. No debes darle a ese mal humor ningún terreno sobre el que crecer en tu día.

Y, si ya has pronunciado esa queja, crítica o frase dura, lo mejor es que cambies de tema y dirijas tu atención a otra parte. No debes centrarte en ello, ni intentar mejorarlo. Porque, al final, serás tú quien pague las consecuencias, aunque el suceso negativo ocurrido no haya sido tu culpa. Y, aunque no lo pienses ni lo creas, la elección habrá sido tuya.

Aunque tienes muy poco control sobre lo que ocurre a tu alrededor, sí tienes gran capacidad de decisión sobre cómo te "hacen sentir" esos acontecimientos. Porque eres tú quien toma la decisión de experimentar esas emociones. Por eso, ya no utilizo frases como "eso me preocupa", "me incomodas", etc. en mis conversaciones cotidianas. Porque soy yo el que se irrita, porque soy yo el que se pone nervioso, porque soy yo el que, inconscientemente, me dejo llevar por ese impulso y decido, automáticamente o no, entregarme a ese torrente de emociones y hormonas que me hace sentir fuerte tras el enfado, seguro tras la crítica y poderoso tras el rechazo a lo desconocido. Es mi decisión y de nadie más sentirme o no así.

Esta es la respuesta que debemos tener al determinar si dejamos o no que una queja o crítica sobre alguien o algo escape de nuestros labios y resuene en nuestro ser, modificando la vibración de la queja o crítica y afectándonos de forma negativa o positiva:

Si vamos a criticar o quejarnos de algo, hagámonos primero las siguientes preguntas: ¿es cierto? ¿es bueno? ¿es necesario?

La inmensa mayoría de las veces, si no siempre, las críticas dañinas, los insultos, las quejas o el victimismo no son ciertos, ni buenos, ni necesarios.

Aumenta la cantidad de amor que te tienes a ti mismo y asegúrate de que las únicas palabras que te dices a ti mismo son positivas, que te inspiren y te impulsen a ser más feliz ahora mismo. Aprovecha al máximo el poder que te proporcionan tus palabras y niégate a que pensamientos, sentimientos o experiencias desfavorables alteren tu forma de ver las cosas o disminuyan la probabilidad de que tengas una vida mejor.

CONSCIENCIA DE LA PARTE INCONSCIENTE

Ciertas actividades se convierten en algo natural para nosotros y las llevamos a cabo sin pensar. Son respuestas o impulsos que ocurren por debajo de nuestra conciencia y no requieren nuestra autorización para alterar nuestra conducta. Esperan en una parte oculta de nuestra mente a que surja la oportunidad adecuada, lo que da lugar a una respuesta que no siempre es la que esperábamos tener.

Lleva tiempo modificar una reacción inconsciente, porque forma parte del entrenamiento que hemos recibido a lo largo de nuestra vida. Esto significa que cambiar una reacción inconsciente puede resultar difícil. Está profundamente arraigada en nuestra conciencia y, como resultado, hemos sido condicionados para responder de una manera determinada. De hecho, este condicionamiento ha sido tan eficaz que ya creemos que la respuesta es parte integrante de nuestro ser.

El humano es un animal de costumbres y es mucho más difícil romper un patrón establecido que crear uno nuevo. También es mucho más fácil crear un hábito desde el principio. Por este motivo, en el proceso de aprendizaje siempre es vital desaprender antes que adquirir nueva información. Sin embargo, al mismo tiempo, también es más difícil comprender.

Es todo un reto modificar nuestras ideas y creencias cuando éstas se basan en algo que se ha establecido en nosotros durante mucho tiempo. porque se nos exige enfrentarnos a nosotros mismos y desmantelar todo un sistema estructurado que contribuye a la formación de nuestra identidad.

La persona que adoptó esas creencias ayer no es la misma que hoy. Aunque nos parezcamos bastante, no seremos los mismos que seremos mañana. En consecuencia, todo lo que creíamos útil o válido el día anterior no será necesariamente aplicable a nosotros ahora.

Esto puede proporcionarnos motivos suficientes para examinar algunos de nuestros comportamientos, como preguntarnos: "¿quiero seguir siendo la misma persona que era ayer, que fracasó en determinadas situaciones, o quiero seguir viviendo mi vida exactamente como soy ahora en el presente durante el resto de mi vida?". ¿O prefiero aprender todo lo que hay que saber sobre mí mismo a base de ensayo y error para poder ser la mejor versión de mí mismo mañana?

Para construir una felicidad sólida y fiable para el futuro, tenemos que trabajar en ella hoy, apreciar las circunstancias en las que nos encontramos y tener una actitud de agradecimiento. Si queremos tener un físico mejor en el futuro, necesitamos estar en forma ahora haciendo ejercicio y comiendo bien y no podemos dejar que nuestros malos hábitos se conviertan en rutina. Y esto continúa.

Si hay algo del mundo exterior que no nos gusta, primero deberíamos investigar las razones que hay detrás de nuestros sentimientos. Es absolutamente razonable sentirse indignado por algo, al menos hasta cierto punto, si se trata de algo injusto o si vemos cómo se maltrata a alguien.

Pero si se trata de algo más subjetivo, como la forma de actuar de tu pareja, o los múltiples mensajes de alguien que necesita tu ayuda, o la forma en la que un coche se cruza en tu carril sin suponer un gran riesgo para tu seguridad y aun así te enfadas o maldices, gritas o te quedas con malestar en tu interior, hay algo dentro de ti que puedes mejorar hoy para tu bienestar futuro.

No empezamos a hacernos preguntas concretas hasta que tomamos conciencia de los efectos perjudiciales que han tenido ciertos hábitos inconscientes, tanto en nuestra propia vida como en la de las personas que nos rodean y, sólo entonces, empezamos a investigar esos efectos. Eres libre de responderlas en este espacio como ejercicio si así lo deseas.

Ejercicio:

¿No debería esforzarme por modificar mi comportamiento si sé que afecta negativamente a los demás o a mí mismo?

¿Es ésta una respuesta inapropiada por mi parte? ¿Por qué respondo así?

¿Es la impaciencia, el hecho de que quiero que todo se haga como yo quiero o la necesidad de tener un control absoluto sobre todo?

Este tipo de preguntas pueden ser realmente útiles si lo que realmente queremos es deshacernos de un hábito o rutina indeseables. De este modo, si experimentamos emociones negativas como la ira o la depresión, podremos volvernos hacia nuestro interior para determinar el origen del problema.

Porque, en mi opinión, cuando algo "te molesta", no es ese algo el motivo de tu enfado, sino el cómo percibes la situación. En ocasiones, eres tú y no el supuesto problema, quien tiene que cambiar para encontrar una solución al problema.

No tienes ni idea de cuántas peleas inútiles podrías evitar si sólo prestaras atención al hecho de que una reacción impulsiva iba a salir de ti en ese momento. Entonces podrás negarte a ceder a ella, ahorrarte malestar investigando tus emociones o pensamientos y así quizá llegar a la conclusión de que el problema no es el problema en sí, sino cómo interpretas la situación.

Y créeme cuando te digo que cada uno de nosotros tiene al menos un problema privado que debe resolver; desde la perspectiva de quienes no están acostumbrados a tratar con nuestro propio tipo de rareza, todos somos extraños.

La normalidad no existe. Como mínimo, tengo la impresión de que es una leyenda. Creo que la cuestión más equivocada es la aspiración a ser normal o el acto de aparentar ser normal cuando, en el fondo, eres consciente de que, al hacerlo, estás negando quién eres en realidad.

Sé raro. Sé fiel a ti mismo. No edites lo que dices de ninguna manera. Nada que perder, nada que ganar, pero sin filtro. Salta por placer. Grita de felicidad. Corre. No esperes nada a cambio de tu generosidad. Consume algo delicioso. Ríete a carcajadas. Llama a alguien que hace tiempo que no ves y hazle saber que le echas de menos. Es importante que expreses tu pesar, gratitud y afecto con más frecuencia. Y nunca dejes de agradecer la increíble suerte de tener amigos que siguen vivos y coleando.

Pero volvamos al tema que nos ocupa. Deseamos cambiar un aspecto negativo de nosotros mismos, que es perjudicial tanto para nosotros como para las personas de nuestro entorno inmediato. Ya has hecho un progreso significativo si has reconocido este comportamiento, emoción o impulso inconsciente que has estado teniendo. Enfrentarse a uno mismo y a sus defectos para crear una versión mejorada de uno mismo es una hazaña que sólo pueden lograr los seres humanos valientes. Puede ser difícil enfrentarse a la estructura mental en la que has confiado durante toda tu vida para funcionar. Pero créeme cuando te digo que, de esta forma, sólo puedes obtener resultados positivos. La verdadera magia ocurre cuando sales de tu zona de confort y entras en la zona de la "incomodidad positiva". Es el lugar donde experimentarás el mayor crecimiento, donde fluirás libremente y con facilidad y donde descubrirás quién eres.

Resulta un poco extraño que, para sentirse verdaderamente en paz, haya que pasar antes por algún tipo de malestar, pero no creo que la idea nos resulte tan extraña o novedosa. Por ejemplo, tenemos una sensación de satisfacción después de completar un entrenamiento extenuante, o tras llevar a buen término un proyecto de larga duración después de trabajar en él durante meses, o al conseguir dejar de fumar después de luchar para hacerlo durante varios años. Es un destello de percepción en el que estamos totalmente conscientes y en el aquí y ahora, concentrando toda nuestra energía en la experiencia de estar plenamente presentes. Después de mucho trabajo duro y de hacer algunos sacrificios, por fin hemos conseguido algo verdaderamente extraordinario. Y qué bien sienta, ¿verdad? Después de lograr cualquier cosa que requiera mucho trabajo duro, hay una tremenda sensación de logro, felicidad y alivio que viene con ello. Después de soportar un largo periodo de "incomodidad", por fin pudimos hacer realidad un objetivo importante; sin embargo, el sacrificio de esa "incomodidad" a cambio de un punto de inflexión en nuestra vida mereció la pena. Y todo esto es posible porque estás aquí, en el momento, totalmente concentrado y enfocado en el instante presente. Logrando cosas increíbles paso a paso. Valoremos y comprendamos el poder genuino de ser más conscientes en nuestras vidas y estar constructivamente "incómodos". Esto nos permitirá vivir nuestras vidas de forma más intencionada.

Ejercicio:

Considera si, algunos aspectos de ti mismo, como tus acciones o reacciones, están motivados por el impulso o la inconsciencia y tienen un impacto perjudicial en ti o en las personas que te rodean.

Deja de hablar en cuanto te des cuenta de que has dicho algo que no tenías intención de decir. Examina tus propios actos. Inspira y expira pausadamente dos veces. Responde a las siguientes preguntas en el papel que tienes delante: ¿Por qué he dicho o hecho eso?

¿Qué esperaba conseguir haciendo esa declaración o adoptando esas medidas?

¿Qué opino de ello? ¿He tenido éxito? ¿Realmente valió la pena reaccionar de esa manera?

Si has respondido a las preguntas con sinceridad, podrás examinar lo ocurrido desde un nuevo ángulo. Examina el ímpetu de tu decisión de responder de la manera en que lo hiciste. ¿Es genuino, o es sólo la forma en que lo percibes lo que te hace reaccionar de esa manera? Si vamos hacia nuestro interior cuando sentimos que algo no va bien, podemos darnos cuenta de que, la mayoría de las veces, el problema no estaba en el exterior, sino en la forma en la que interpretamos lo que vimos en el exterior.

No te enfades con la persona que eres en este momento. Puedes acelerar el proceso de curación y aumentar tu motivación diciendo en voz alta lo que te gustaría oír, aceptándote y cuidándote. Has respondido de acuerdo con el nivel de conciencia que poseías en ese momento y eso es todo.

La única forma de tomar el control de tu vida y hacerla tuya es cultivar la conciencia. Cuando eres consciente, eres tú quien dibuja tu vida; cuando no eres consciente, es tu vida la que te dibuja a ti.

Para empezar, tenemos que aceptar el hecho de que hay al menos un aspecto de nosotros mismos que posee margen de crecimiento. Una imperfección, una actitud negativa o cualquier otra cosa que no aporte nada positivo a la calidad de nuestra vida. A partir de ese momento, podemos separar el comportamiento o la reacción en cuestión de nosotros mismos y comprender lo que está ocurriendo. Aunque todavía no hayamos completado la tarea, al menos la habremos puesto en marcha. Al hacerlo, crearemos una especie de marca mental que nos permitirá reconocer esa reacción la próxima vez que se produzca, lo que nos permitirá no pasarla por alto. Gracias a ello, podremos adelantarnos al desarrollo de una actitud, acción o estado de ánimo excesivos en comparación con lo que se requiere. Porque, cuando ocurra, seremos capaces de reconocer que esa conducta no nos corresponde y podremos volver a una actitud mental que sea positiva o neutra.

Y así, a medida que pase el tiempo, esta reacción se irá limitando hasta llegar a un punto en que ya no se produzca, porque conscientemente, hemos ido programando positivamente al inconsciente, haciéndole entender que no nos gusta esta reacción porque no nos lleva a ninguna parte y no nos sirve para nada. Llegará un momento en que nos daremos cuenta de que nuestra respuesta inmediata a determinados acontecimientos no es la misma que la de muchos meses atrás o incluso varios años.

Es un proceso que implica perseverancia, conciencia y paciencia; no obstante, el resultado final merecerá la pena y mejorará notablemente nuestra calidad de vida.

En esta sección, enumera las ideas que más te han intrigado hasta el momento:

____

____

¿De qué manera piensas poner en práctica estas ideas en tu vida cotidiana?

____

____

Cuando hayas terminado de escribir estas líneas, debes leerlas en voz alta para empezar a interiorizarlas.

FRECUENCIA ALTA

Según los principios fundamentales de la física cuántica, se produce una transferencia constante de energía entre nuestro cuerpo y el mundo que nos rodea. Por lo tanto, es mejor que nos aseguremos de que, lo que nos rodea, es bueno y positivo para que la energía que nos llega sea enriquecedora y útil y también para que no nos quedemos sin energía que utilizar en nuestro propio desarrollo y evolución. Si no tomamos esta precaución, corremos el riesgo de quedarnos sin energía.

¿Cuántas veces acabas de charlar con un amigo maravilloso y te sientes genial, rebosante de entusiasmo, agradecimiento y vitalidad? ¿Con qué frecuencia te ocurre esto? No se trata de un suceso aleatorio. Es más bien una relación causal. O piensa en las otras veces en las que acabas de terminar una conversación con alguien que siempre es negativo, siempre está criticando a los demás, envidiando, insultando y menospreciando en cada oportunidad que tiene y, cuando te quieres dar cuenta, estás agotado, deprimido y no tienes ganas de hacer nada. Creo que todos hemos experimentado algo parecido, pero la cuestión es si somos conscientes o no de lo que está ocurriendo.

Hay personas que te dan y otras que te quitan; hay personas con las que intercambias energía y otras que te dejan agotado, seco y marchito. Por otro lado, hay otras personas en tu vida que pueden revitalizarte, fortalecerte y motivarte. Somos energía y este hecho no se puede discutir; sin embargo, a veces, es necesario prestar atención a estas particularidades para comprender plenamente la noción, así como la fuerza y la influencia que puede tener en nuestra vida.

Si somos energía y esa energía es vibración en una frecuencia determinada, podríamos afirmar que la energía que compone nuestro cuerpo se encuentra en un estado de alta vibración o de baja vibración en un instante dado. Cada emoción está asociada a una vibración particular, las positivas tienen frecuencias más altas y las negativas más bajas.

Hay muchas cosas que pueden influir en nuestra vibración, entre ellas las siguientes:

- **Entorno**: es posible que haya más cosas en tu entorno inmediato que influyan en ti de lo que crees. Mantener el orden y la limpieza en tu casa o lugar de trabajo no solo facilita encontrar las cosas, sino que también ayuda a aportar tranquilidad y sosiego a tu mente y tu alma y garantiza que no estés absorbiendo energía caótica de tu entorno.

  Cuando escuchamos música, sus vibraciones y su energía pueden aumentar o reducir instantáneamente nuestra propia frecuencia, ya que, al igual que nosotros, la música está hecha de vibraciones y energía. Al meditar o trabajar, puede ser útil sintonizar con la frecuencia adecuada escuchando música alegre, energética o de 432 Hz.

- **Estimulación visual:** la información que se envía desde la retina al cerebro a través del nervio ocular se deposita en nuestro subconsciente, donde planta una semilla que puede o no acabar desarrollando los frutos deseables que anticipamos. Recibimos señales que permanecen en la parte inconsciente de nuestra mente y nos dicen que podríamos tener más y mejor, que lo que tenemos y lo que nos rodea no es lo más reciente, lo más bonito, lo más caro o lo más joven. Esto ocurre cuando vemos películas de violencia, desgracias o noticias que te hacen temer y desconfiar, o cuando vemos publicidad que motiva tu consumismo e insatisfacción con tu pareja, casa, coche o físico actuales. Puede parecer algo inocuo, pero después de años y años de estar expuestos a información incoherente, nuestra mente puede empezar a jugarnos malas pasadas y entonces puede resultar difícil determinar el origen de tu insatisfacción. Esto es especialmente cierto si el factor que está causando tu insatisfacción se ha considerado aceptable, ya que es algo que asimilamos a diario.

- **Compañía:** algunas personas creen que, por término medio, somos un reflejo de las personas que están más cerca de nosotros. Así que asegurémonos de estar rodeados de influencias positivas. Hemos llegado a la etapa en la que podemos elegir nuestra propia compañía; por tanto, hagamos elecciones sabias. Estar rodeados de personas felices, agradecidas y optimistas nos hará sentir mejor y traerá más experiencias positivas a nuestras vidas. En cambio, las personas negativas, que viven su vida en un estado de queja y crítica perpetuas y que se victimizan constantemente, no nos ayudarán a atraer nada positivo a nuestras vidas y sólo servirán para atraer más experiencias negativas. Toma decisiones sensatas.

- **Palabras:** nunca, jamás, debemos infravalorar el tremendo poder que poseen las palabras. Al igual que cualquier cosa que nos digan puede alegrarnos, entristecernos o enfadarnos, las palabras que elegimos decir a los demás tienen el poder de animarles o hundirles. Las palabras traen consigo una potente carga de identidad e intención que tiene el potencial de mover montañas y poner cada célula de nuestro cuerpo a trabajar con la energía que recibimos.

Por eso, muchas veces experimentamos emociones negativas simplemente imaginando algo que ni siquiera ha ocurrido. Esto se debe al hecho de que la mente y la palabra hablada tienen una poderosa influencia sobre nuestro cuerpo, mente y vida misma. Por esta razón, repetiré una y otra vez que las críticas y las quejas destructivas no tienen sentido. Esto se debe al hecho de que, incluso si la persona o el hecho en cuestión son merecedores de crítica, algunas de esas palabras negativas nos salpicarán y contaminarán nuestra energía, resultando en una disminución de nuestra vitalidad, positividad y eficacia general.

- **Ideas:** por último, pero no por ello menos importante, llegamos a nuestras ideas. El principio de todo lo demás. El material básico a partir del cual pueden materializarse y experimentarse nuestros sueños más placenteros o nuestras peores pesadillas.

El crucial empeño de "cuidar" nuestras ideas se aborda de diversas formas a lo largo de los varios capítulos que contiene este libro. Algunas de ellas son "Interpretación objetiva", "Consciencia de la parte inconsciente", "Cómo ser positivo" y "Sentir más y pensar menos".

El cerebro humano es una fuente constante de impulsos eléctricos, a los que llamamos pensamientos. Y si todo en el cosmos es energía, piensa en lo que ocurre con esos ingredientes. Salen al cosmos como una vibración con una frecuencia y luego vuelven a ti en forma de hechos o justificaciones para que sigas pensando así. Es un poco como el efecto espejo, o como dejar caer una piedra en el agua. La piedra (o el pensamiento) generará ondas que se extenderán en todas direcciones alrededor de los 360 grados circundantes.

Estas ondas se irán haciendo infinitesimalmente más pequeñas e indetectables para los humanos, pero continuarán hasta completar su recorrido. Y, tarde o temprano, rebotarán y volverán de vuelta a la fuente, que es nuestra existencia, manifestada en el lenguaje (de alta o baja vibración) en el que fueron liberadas.

En pocas palabras, si tienes ideas negativas y prestas una atención excesiva a esos pensamientos negativos de forma regular, atraerás a tu vida razones, hechos y sentimientos adicionales que te permitirán permanecer en esa vibración negativa. Si, por el contrario, tomas la decisión de dejar ir esos pensamientos negativos y centrar tu atención en los positivos, practicando la atención plena y esforzándote por vivir el momento presente con gratitud y amor, entonces los sucesos positivos en tu vida servirán para validar la validez de ese pensamiento. Puede parecer una teoría o un imposible, pero puedo dar fe de que es eficaz y, además ¿qué pierdes con intentarlo?

ORDEN

Hay una jerarquía que rige todo lo que existe en este planeta. Hay momentos en que parece desordenado, a veces parece sin sentido o caótico, pero al final, hay un orden. Todo debe operar de acuerdo con una funcionalidad específica y, si alguna vez, se produce una alteración de este equilibrio, se producirá una reacción en cadena de efectos desfavorables. Los humanos, en cambio, tenemos la ilusión de que nuestras vidas no se ven afectadas por este orden o están por encima de él. Creemos que somos los amos de todo y que estamos por encima de todo, hasta que todo pasa por encima de nosotros. No somos inmunes a las leyes que dirigen el funcionamiento de este cosmos. No olvidemos que no somos simplemente una parte del universo, sino que SOMOS el universo. Los mismos tipos de materiales y compuestos que forman las estrellas también forman nuestros cuerpos. Si logramos modificar nuestro ser, nuestra dinámica, nuestra actitud y nuestro comportamiento, el entorno cambiará inevitablemente.

Pero no reconocemos nuestra capacidad de pensamiento original. Vivimos en un mundo que nos bombardea constantemente con estímulos y distracciones, sentimientos y adicciones, todo lo cual sirve para oscurecer nuestras percepciones e impedir que desarrollemos todo nuestro potencial. Somos los que creamos, los auténticos creativos y somos todo o nada. Naturalmente, estamos ligados a nuestro entorno, ya que la energía lo conecta todo y la energía que nos permite hacer realidad nuestros objetivos en el mundo físico son nuestros pensamientos. La mayoría de las veces nos viene a la cabeza de la nada y, aunque creamos que tenemos mucho control sobre lo que dice, hay casos en los que no es así. Encontrar formas de influir positivamente en nuestros "sueños" que cobran vida en el mundo real es una necesidad para nosotros y debemos encontrar esas formas.

Tenemos que encontrar la manera de tener una buena influencia en nuestro subconsciente para convertir esos pensamientos negativos, habituales, ilógicos y contraproducentes en pensamientos más agradables, tranquilos y lógicos. En el caso de que esto no ocurra, seguiremos limitándonos a esforzarnos por desarrollar completamente tanto nuestro potencial como la meta o el trabajo que vinimos a completar.

La única manera de hacer que algo funcione correctamente es establecer un orden. El orden es el algoritmo, la fórmula, la receta de pastel de la abuela.

Podrás desplegar todo tu talento y habilidad en el tablero de juego una vez que hayas encontrado tu orden.

Por orden no me refiero a que tu apartamento esté limpio y arreglado, aunque también se aplica a eso. Si, de acuerdo con la teoría de la energía cuántica, la energía fluye de nosotros hacia nosotros y a nuestro alrededor, un número excesivo de objetos fuera de lugar impedirá que la energía fluya con normalidad y nos impedirá experimentar una renovación de nuestra vitalidad y creatividad. Aparte de eso, ¿no sería cierto que el simple hecho de percibir lo limpio que está el espacio tranquilizaría instantáneamente la mente? A pesar de que llevamos mucho tiempo acostumbrados a ver algo desordenado, la emoción instantánea que nos invade cuando lo vemos limpio y ordenado es de serenidad y descanso, independientemente de que queramos verlo o no. No es malo tener la habitación o la cocina desordenadas de vez en cuando, sobre todo después de una comida con amigos o de un día de trabajo. En cambio, no es sano obsesionarse con la limpieza todo el día y sufrir cuando vemos una miga de pan en el suelo y perder los nervios. Los que tenemos mascotas conocemos bien este fenómeno. Simplemente, y en mi opinión, acostumbrarse a limpiar lo que uno ensucia o a no crear mucho desorden es algo realmente beneficioso para la salud y puede ser muy tranquilizador. Esto se debe a que nos proporciona un lugar equilibrado en el que relajarnos y recargar nuestras energías e ideas.

Del mismo modo, necesitas tener orden en tu vida, ya sea en tus rutinas o en tus actividades, porque éste es el enfoque más eficaz para lograr lo que te has propuesto y alcanzar tu máximo nivel de productividad a lo largo del día, de la semana y del mes...

Preocupaciones que requieren tu atención para poner tu vida en orden

Muchos de nosotros tenemos arraigadas algunas cuestiones que actúan como un obstáculo para nuestro auténtico progreso. Estas cuestiones pueden afectarte.

En particular, me gustaría llamar la atención sobre lo siguiente:

- Aversión a lo desconocido: cuando hacemos cambios, al "alejarnos" de lo que estamos acostumbrados, podemos experimentar sentimientos de incomodidad o rechazo. Sin embargo, salir de nuestra zona de confort es uno de los métodos más eficaces para alcanzar nuestros objetivos y tener éxito, si no el único.

- Debes evitar pensar o decir cosas negativas sobre ti mismo, ya que una parte de ti acabará creyéndoselas, lo que reducirá tus niveles de energía, eficacia, positivismo y posibilidades de tener éxito.

- Si no quieres hacer algo, dilo; si no quieres salir a tomar algo ese día, dilo; si no puedes o no quieres hacer algo por alguna razón, no lo hagas.

Si te aseguras de que estás sano y te cuidas, estarás en condiciones de cuidar de los demás sin encontrar dificultades.

- Dejar para mañana lo que se puede hacer hoy: tomarse un respiro y no hacer "nada" durante un día no sólo es saludable, sino también muy recomendable. Pero si dejamos que se convierta en nuestra rutina, nuestra forma de ser y nuestro hábito, desperdiciaremos un tiempo impagable que nunca podremos recuperar y que podríamos haber utilizado para crear, aprender, trabajar o lograr algo.

- El objetivo principal de este libro: evitar hábitos que te lleven a niveles excesivos de actividad mental. Una de las mayores claves para liberar tu auténtico potencial oculto es reducir la cantidad que piensas y aumentar la cantidad que sientes.

Ejercicio:

Para poner en marcha el proceso de introducir nuevos comportamientos beneficiosos en tu vida, deberías empezar por crear un calendario de eventos o planes. Puedes empezar con una cantidad manejable y luego ir aumentándola gradualmente a lo largo del mes para no sentirte apurado o abrumado. No hay duda de que hay alguna actividad en la que te gustaría participar, algún libro que te gustaría leer y alguna plato especial que te gustaría aprender a hacer.

Llena tu agenda, márcate objetivos para mejorar y muéstrate abierto a nuevas experiencias. Porque la única constante es el hecho de que todo está en perpetuo cambio y esto es lo único que nunca cambiará.

Consigue un cuaderno nuevo y llénalo con tus ideas. Escribe en letras grandes lo que quieres conseguir. Deja una página libre para apuntar ideas, pensamientos preliminares o borradores de estrategias y presupuestos. Crea una nueva lista de tareas en una página nueva cada día. Sé concreto, pero no te desanimes ni te agobies si no consigues lo que te has propuesto. Sigue adelante. Si consigues completar la mayoría de los elementos de su lista de tareas diarias, en lugar de fustigarte por no haber completado todos los elementos de la lista, deberías enorgullecerte del hecho de que ya has logrado más de lo que hiciste el día anterior cuando no utilizaste una lista, un cuaderno o un punto de partida.

Hay que tener en cuenta que, si queremos incluir actividades cotidianas en nuestra rutina, lo más fácil es empezar con cautela. Los cambios que se producen gradualmente son preferibles porque es más probable que se mantengan durante un largo periodo de tiempo. De este modo, no tendremos el deseo de abandonar.

Tu programa debería incluir nuevas tareas cada siete o quince días. Si deseas hacer ejercicio con más frecuencia, debes empezar ejercitándote sólo dos o tres días a la semana e ir aumentando gradualmente el número de días de ejercicio cada una o dos semanas. Esto permitirá que tu cuerpo y tu mente se acostumbren a la mayor exigencia y evitará que te desanimes y abandones.

Si pones orden en tu vida, podrás apreciar mejor los momentos de ocio, de descanso e incluso de trabajo; además, aumentará tu productividad y los resultados se harán evidentes de inmediato y con peso en tu día a día y podrás trabajar con mayor eficacia.

¿QUÉ OCURRE SI AYUDAS A OTRA PERSONA?

Cuando era más joven, oí a alguien decir que, si todo el mundo ayudara a su vecino, nadie necesitaría ayuda. Me parece que esto dice mucho de lo que somos capaces de conseguir si aprendemos a ser más empáticos y sensibles, así como si aprendemos a trabajar de forma más colectiva que independiente.

Desde pequeños, se nos inculca el valor de competir con los demás para alcanzar el éxito académico y deportivo, para adquirir posesiones más deseables, etcétera. Nos pasamos toda la vida intentando clasificarnos en categorías que creemos que describen mejor quiénes somos, pero que, en mi opinión, sólo sirven para diferenciarnos de los demás individuos de nuestro entorno inmediato. De hecho, existe la competencia sana; sin embargo, la razón por la que no siempre se practica es porque tendemos a concentrarnos más en las cosas que nos dividen que en las que nos unen. El hecho de que una persona "pertenezca" a algo, como un equipo de fútbol, una ideología política concreta, una religión, una clase social específica, un género o un país, ¿la hace superior a quienes no "pertenecen" a esas clasificaciones? De ninguna manera. Sólo la hace diferente. Y esto es muy positivo. Tomemos por ejemplo el mundo natural, que rebosa color y variedad, así como diferencia y vitalidad. Que posea una riqueza tan variada y una abundancia de cosas tan amplia contribuye a su atractivo general. Obviamente, es bueno destacar entre la multitud. De hecho, me atrevería a decir que reconocer las peculiaridades y características innatas de cada uno de nosotros y abrazarlas no sólo es necesario, sino que es lo que nos hace libres y poderosos.

Cuando nos comparamos con otras personas y nos centramos en las formas en las que somos únicos con respecto a ellas, construimos involuntariamente barreras invisibles que nos separan de ellas. Como resultado, empezamos a ver nuestra singularidad desde una perspectiva pesimista o soberbia y cerramos la puerta a nuestro propio crecimiento, en lugar de ser conscientes de las increíbles oportunidades educativas que tenemos a nuestro alcance.

Si nos limitamos a socializar con personas "parecidas" a nosotros, no avanzaremos mucho en nuestros conocimientos. Será una oportunidad fantástica para ampliar nuestra perspectiva y aprender cosas nuevas si nos juntamos con personas cuyas edades, ideologías, culturas, religiones, países o género sean diferentes a los nuestros.

Debido a nuestro rechazo inconsciente de lo diferente y lo desconocido, así como a nuestro profundo "amor" por la comodidad, creo que ésta es la cuestión principal que contribuye a que no tengamos una tendencia natural a ser más abiertos con otras personas. Lo hacemos automática y frecuentemente. Y no tenemos que viajar muy lejos para notarlo, o para localizar un caso de contrastes entre naciones, credos o prácticas culturales. En una misma nación, la gente que vive en la capital puede tener una actitud diferente hacia los que viven en las afueras, o los que viven en las afueras pueden tener una actitud diferente hacia los que viven en la capital. También la gente que vive en un pueblo puede enfrentarse a los del pueblo de al lado y rechazarse mutuamente. Es lamentable que esto siga ocurriendo en el siglo XXI, pero ocurre y la raíz del problema es el miedo a lo desconocido, el miedo a no tener el control de la situación y el miedo a perder nuestras tradiciones o creencias. Esto limita la adquisición de nuevos conocimientos, lo que a su vez frena el progreso y detiene el crecimiento evolutivo.

No cedas a la tentación de dejar que tu mente dirija tus acciones y no le prestes atención si todo lo que puede ofrecerte es duda o ansiedad. Sigue tanto a tu corazón como a tus instintos naturales; esta es la parte de nosotros mismos que hemos desatendido durante tanto tiempo pero que sigue ahí y nos obliga a probar cosas nuevas, a asumir riesgos y a educarnos continuamente.

Se puede resumir así. Naturalmente, es útil incluso sin pensar en ello. Y si al principio tenemos que hacer un esfuerzo porque no nos resulta fácil, entonces obliguemos a la máquina a hacer lo que queremos que haga. Al fin y al cabo, todo es por una buena causa. Puede que a ti no te parezca una gran diferencia ayudar a alguien, pero para la otra persona puede significar mucho. Ya has mejorado su día o el tuyo y todo gracias a un simple gesto por tu parte.

Y al modificarte a ti mismo, contribuyes a mejorar el entorno que te rodea. Son las cosas sencillas de la vida las que realmente hacen que todo merezca la pena. Cuando se combinan con otros actos "insignificantes", las acciones aparentemente pequeñas pueden tener un impacto significativo.

No existen los actos de bondad sin importancia, ni tampoco los actos de bondad sin recompensa. Es un hecho que la energía positiva y la intención que pones en el mundo encontrarán, de una forma u otra, su camino de vuelta hacia ti, ya sea a un nivel mayor o menor. Como resultado, el ciclo de la humanidad, que se compone de empatía y compañerismo, seguirá su curso y nunca se perderá. Participemos en hacer del mundo un lugar mejor para los demás y adoptemos sólo la bondad y la buena voluntad en nuestro entorno inmediato. Haciendo las cosas de este modo, estableceremos nuestro propio mundo y nuestras propias leyes.

Ten cuidado de no perder de vista el sol por culpa de la tormenta. Y recuerda ser hoy el rayo de sol de alguien. Sé el que marca la diferencia, sé el que sorprende y hace dudar a los demás de la injusticia del mundo actual y sé el que devuelve la esperanza en la humanidad en estos tiempos modernos siendo el que hace lo bueno de forma desinteresada. "Sin razón aparente", sin propósito ni partido y sin temor al castigo divino por no actuar "adecuadamente", esparzamos un poco de fantasía, alegría, afecto y buenos modales por el suelo por el que camina nuestra familia humana. Hagámoslo "sin motivo aparente". Hagámoslo porque es lo correcto, porque ser amable con los demás hace que sucedan cosas buenas y porque ayudar a nuestros iguales es una necesidad imperiosa y, por iguales, quiero decir diferentes y, por diferentes, quiero decir iguales. Ayudemos a todos y cada uno de los individuos que se crucen en nuestro camino, siempre que veamos que podemos ayudarles o mejorar sus vidas con una simple sonrisa, con una palabra amable, con un interés verdadero o con un detalle. Hagámoslo siempre que percibamos que podemos ayudar o mejorar sus vidas con cualquiera de estas cosas. Es una semilla que hará crecer el árbol de la humanidad y sólo dará frutos de comprensión, respeto, compañerismo y amor. Ningún símbolo de afecto cae en saco roto ya que es una semilla que hace crecer el árbol de la humanidad.

Ejercicio

Sé consciente de tu día a día. Hay alguien a tu alrededor cuya mañana o tarde puede mejorar gracias a la ayuda que puedes prestarle. Quizá regalándole una sonrisa, ayudándole a empujar el coche o sujetándole la puerta. No dejes pasar la oportunidad de salir temporalmente de tu zona de confort y ayudar hoy a otra persona. Alegrarás el día de esa persona y te habrás acercado a la idea de que todos somos iguales y merecemos amor, respeto y oportunidades por igual. Sonríe a la persona que crees que no se lo merece tanto como tú y también a la que sí se lo merece. Tu generosidad debería asombrar a todas las personas con las que entres en contacto.

Al final, te habrás olvidado de tus problemas, molestias y preocupaciones cotidianas al concentrarte en el bienestar de los demás, lo que habrás conseguido sin siquiera reconocerlo. Y, a eso, no se le puede poner precio.

PLACER POR PLACER

Lo increíblemente sabrosa que es la cocina y lo mucho que nos gustan los dulces. O cuánto disfrutamos teniendo encuentros sexuales satisfactorios, fumando, yendo de compras, ganando y gastando dinero. O lo agradable que es tomarse una cerveza sentado en una terraza en pleno verano.

La gran mayoría de estos hábitos o actividades no son en absoluto perjudiciales. De hecho, "permitirse" de vez en cuando el "lujo" de tomar una cerveza mientras se charla con los amigos o algo parecido no sólo es recomendable, sino que se considera saludable.

Nadie va a cuidar de ti tan bien como tú, así que no esperes que nadie lo haga. Es muy beneficioso dedicarse al autocuidado y sacar tiempo para la reflexión tranquila y la relajación; de hecho, deberíamos hacerlo no sólo como recompensa por nuestros esfuerzos, sino también por el mero placer de hacerlo. Porque nuestro propósito en esta vida no es sólo trabajar y trabajar, ocuparnos y preocuparnos por nuestros deberes y facturas y pagar las facturas que debemos. Es necesario parar el tren a intervalos, desembarcar, respirar un poco de aire puro y experimentar el suave calor del sol en la cara. Intentar sentir más y pensar menos. Sin embargo, ese no es en absoluto el punto central.

Cuando hablo del placer sólo por el placer, me refiero a basar tu felicidad únicamente en la capacidad de experimentar cosas placenteras. Es decir, pensar que eres feliz porque tienes más dinero, más sexo, porque te sientes superior a otra persona o porque lo has gastado en cosas frívolas o innecesarias; o porque has ganado más y más dinero... Ese es el verdadero error y, de hecho, es una verdadera adicción y muy peligrosa para nuestra salud mental y emocional.

Porque llegará un momento en que lo habrás hecho todo, o casi todo y te sentirás vacío, insatisfecho, deprimido e irascible, te desquitarás contigo mismo o con tus seres queridos y tratarás de ahogar tus penas en el alcohol, la sobrealimentación, las drogas, el sexo, etc... Y, con eso, volvemos al punto de partida.

Uno de mis mejores amigos es millonario. Y, afortunadamente, es el tipo de persona optimista, agradecida y feliz. Sin embargo, me revela que, muchos de sus amigos, que también son millonarios, son adictos al sexo, el alcohol, la cocaína o la prostitución o están solos y deprimidos.

Esto se debe a que en sus mentes se confunde el placer con la felicidad. Se puede resumir en una sola frase, pero el concepto que hay detrás puede ser difícil de entender. Haré un esfuerzo por describirlo de forma más comprensible: el placer es un estímulo externo que nos proporciona una agradable sensación de bienestar, una fuente de hormonas que inundan nuestro organismo y lo revolucionan. El placer tiene su origen en el exterior, es un estímulo que llega de fuera. Ya sea por el consumo de alimentos malsanos que contienen potenciadores del sabor, azúcar procesado y otros aditivos artificiales, por la adquisición de riqueza, estupefacientes, poder político o actividad sexual. La sensación de placer no es algo que pueda mantenerse. Llega, nos llena momentáneamente y luego se desvanece, dejando tras de sí sólo un vago recuerdo de lo maravilloso que fue mientras duró. Después, necesitamos otra dosis para satisfacer nuestras gargantas resecas. Es una historia interminable.

La felicidad, en cambio, es un estado interno que no se puede comprar. Es un estado mental y una forma de vida. No se trata tanto de dónde acabas si no de cómo llegas. Aunque fuera esté lloviendo a cántaros, tu interior puede tener la sensación de un día agradable y soleado. No necesitamos nada físico para experimentar alegría; más bien, es la lente a través de la cual vemos el mundo la que determina nuestro nivel de satisfacción. No hay que sentarse a esperar a que pase la tormenta, sino aprender a moverse con gracia bajo la lluvia.

La gente suele sugerir que el agradecimiento es un rasgo que comparten las personas alegres, pero yo no lo veo así. Mi teoría es que las personas felices son aquellas que están agradecidas por lo que tienen. Porque si damos importancia a lo que tenemos, a cómo nos sentimos y a quiénes somos, todo lo demás en nuestro entorno adquirirá un matiz diferente. Cuando nos cambien el horario de trabajo, nos centraremos en lo que podemos hacer al tener un turno diferente, como esa tarea pendiente que queríamos hacer; o si tenemos que trabajar más, podemos pensar que ganaremos más dinero si trabajamos más horas y en qué podemos invertirlo, etc. Un día lluvioso nos parecerá bien porque estaremos en casa calentitos o en buena compañía.

Como se ha explicado en el apartado "Ser agradecido te hace feliz", si somos conscientes de la abundancia que nos rodea y de los privilegios que poseemos, experimentaremos, por supuesto, una felicidad extraordinaria.

Cuando mencioné que la felicidad viene de dentro y el placer viene de fuera, me refería a este mismo concepto. Cuando tenemos presente lo afortunados que somos, cuando valoramos nuestra salud, nuestra vida, amistades o relaciones familiares; cuando apreciamos el amor de nuestra pareja o de nuestra mascota, cuando disfrutamos de un día soleado o lluvioso, cuando agradecemos tener un techo, un plato en la mesa, un trabajo, buenas conversaciones o compañía, y un largo etcétera, entonces no necesitaremos un estímulo externo para sentirnos felices. Como la sensación de calma interior y agradecimiento que tendremos será tan poderosa, esta experiencia llevará nuestras energías a un nuevo nivel y nuestra perspectiva del mundo exterior cambiará como resultado. Cada uno de nosotros verá el mismo cielo desde su propia perspectiva. Caminaremos en un orden diferente por el mismo sendero. El mundo tal y como lo conocemos seguirá existiendo, pero nuestra especie habrá progresado. De repente, nuestras preocupaciones serán menores, nuestros problemas menos graves, nuestra ira disminuirá hasta desaparecer por completo y las sonrisas se convertirán en nuestro nuevo lenguaje.

Como nos habremos dado cuenta de que el secreto no es adquirir sino simplemente ser, la felicidad nos llegará fácilmente y casi sin querer. Esto se debe a que ya no nos centraremos en las posesiones materiales. Incluso en esos momentos en los que parece que no te va bien y tienes una mala racha, cuando se juntan múltiples dificultades o ansiedades, incluso entonces, seguro que hay mucho por lo que estar agradecido. Al fin y al cabo, todo se reduce a ser feliz y hacer feliz a la gente que nos rodea.

Ejercicio:

Es fácil, recomiendo que escribamos en un papel todo aquello que sabemos que no nos hace ningún bien, ni a nuestra salud física ni a nuestro bienestar mental o emocional, y sin embargo seguimos dándole cabida en nuestras vidas. Sácalo de ti, hazlo parte del mundo que te rodea y haz un esfuerzo por verlo de una manera aislada o más objetiva.

Anota directamente aquellas cosas que te dan placer pero que sabes que, a la larga, no te harán ningún bien a tu salud mental, emocional o física.

Demos respuestas directas a estas preguntas:

¿Qué estoy consiguiendo con estos malos hábitos o estas cantidades excesivas?

Hacerlo me da alegría, pero ¿me hace también más feliz? ¿Me hace también mejor persona?

Si dejara de hacerlo, ¿qué crees que pasaría?

¿Cómo puedo recibir la misma sensación que me proporciona por medios más seguros y naturales, o cómo puedo adquirir una sensación aún mejor para mi salud y que dure más tiempo?

Si es así, ¿por qué no elijo esa opción?

Ahora anota, en el mismo papel, las cosas que te dan verdadera felicidad y que no ponen en riesgo tu salud mental, emocional o física.

Responde a esta pregunta:

¿Es posible que, la mayoría de las "cosas" que te hacen feliz, no sean "cosas?

No me corresponde juzgarte. Yo he estado ahí y es mi intención guiarte a través de los pasos que yo seguí y que me dieron resultado para dejar de ser esclavo de la mente, de los impulsos negativos y de la inconsciencia que nos gobierna a casi todos en gran medida.

Nadie más que tú verá tus respuestas, por lo que es importante que te esfuerces por ser lo más sincero posible. Esto te permitirá identificar lo antes posible el origen del "problema", que no es tal, sino un hecho concreto provocado por la distracción o la inconsciencia.

También puedes optar por comentar esta información con tu pareja u otros seres queridos, que podrán ayudarte en la búsqueda de pruebas tangibles, haciendo así el proceso más sencillo y placentero para ti.

Es muy importante que dediquemos un tiempo de nuestras vidas a liberarnos del peso que creemos que tenemos que soportar solos y a comunicar cómo nos sentimos a las personas más cercanas. De este modo, conseguimos externalizar el "asunto" y, al hacerlo, todo se relativiza y, en cierta medida, pierde su importancia.

Suelta cualquier sentimiento de vergüenza, orgullo o miedo y saca lo que sea que se esconde dentro de ti y que te impide avanzar.

Vaciar la mochila de piedras es algo muy saludable y beneficioso para todos. Además de esto, te darás cuenta de que es posible que no debieras haber acumulado tantas y, como resultado, puede que te replantees tu decisión de hacerlo en el futuro.

A VECES, MENOS ES MUCHO MÁS

Desde muy pequeños, nuestro cerebro está inundado de publicidad de automóviles, gente guapa, colonias y más gente guapa, entre otras cosas. Son estímulos visuales que, como comentamos en el capítulo titulado "Frecuencia alta", se van depositando progresivamente en nuestro subconsciente, cambiando la naturaleza de nuestra mente y haciéndonos hambrientos de consumir, alterar, comprar, tirar... y volver a comprar. Esto se debe a la forma en la que funciona nuestra mente. No me malinterpreten. Siempre es una buena idea estar abierto a nuevas experiencias y oportunidades, especialmente si no estás contento con quién eres o dónde estás ahora mismo. Pero si parece que lo tienes "todo", llegará un momento en que te rindas a la rutina y el aburrimiento, o te desmotives y dejarás de reconocer y valorar todas las cosas maravillosas que hay a tu alrededor. Entonces, en un esfuerzo por recuperar esa sensación de frescura y entusiasmo, puede que tomes la decisión de renunciar a todo lo que tanto te ha costado conseguir en los últimos años y empezar de cero. Renuncias a lo que amas y a lo que has tenido durante tanto tiempo para tener durante un breve momento lo que "quieres" o, más exactamente, lo que crees que deseas. Y todo ello se debe al bombardeo incesante de estímulos que alimentan tus sentimientos de insatisfacción ya existentes y agitan tu ansiedad ya presente. Ese es el tipo de cambio al que me refería, aunque creo que es más preciso hablar de involución que de cambio.

Además, en el capítulo titulado "Placer por placer", hablamos de lo esencial que es evitar basar nuestra "felicidad" en placeres fugaces y superficiales. Esto se debe a que siempre dependeremos de una fuente externa para sentir ese "bienestar" momentáneo que proporciona el placer.

Una vez más, quiero dejar claro que entregarse al placer no es intrínsecamente pecaminoso, siempre y cuando no dejemos que controle nuestra vida ni que se convierta en objeto de abuso u obsesión. Todo el mundo encaja bien de forma medianamente frecuente la actividad sexual, las bebidas alcohólicas o ir de compras. Sin embargo, si convertimos algo que puede proporcionarnos un alivio momentáneo en algunas circunstancias en la única fuente de alivio de nuestra vida, llegará un momento en el que nos proporcionará el efecto contrario. Un día, nuestro supuesto "bienestar" consistirá enteramente en nuestro cuerpo y nos sentiremos deprimidos, vacíos y desmotivados por dentro.

Tengo experiencia personal con personas que nacieron en familias ricas pero que, a los 30 años, sufrían depresión, alcoholismo u otros vicios graves.

Reflexionemos sobre estas palabras, porque creo que representan un consejo muy significativo:

Un camino que no lleva a ninguna parte está asfaltado con sobreestimulación y, más concretamente, con la fijación o el deseo de adquirir más y más cosas materiales. O, más exactamente, no lleva a ningún sitio que merezca la pena. Si nos esforzamos por adquirir cada vez más cosas, acabaremos por no ver nada valioso. Y como sigamos dando vueltas buscando estrellas, acabaremos perdiendo de vista la luna.

No se trata de tener la mentalidad de que tenemos menos cosas, sino de tener la mentalidad de que lo tenemos todo.

Aunque sigamos deseando otra cosa o queramos alcanzar más metas, debemos estar siempre agradecidos para no olvidar de dónde venimos y la gran abundancia que nos rodea y de la que formamos parte a diario.

Siempre habrá alguien con menos que nosotros que esté contento con su vida y siempre habrá alguien con más que nosotros que se sienta miserable. Por ello, debemos ser conscientes de lo afortunados que somos simplemente por estar aquí y ahora, leyendo este libro, en un momento privado de calma y búsqueda interior, investigando, evolucionando y adquiriendo una mayor comprensión sobre este maravilloso y complejo mecanismo en el que nos ha sido concedido vivir, nuestro ser.

Si conociéramos todos los trucos, se acabaría la diversión; si todo fuera fácil, sería aburrido; si tuviéramos todas las riquezas del mundo, un "amor" diferente cada noche y todo el dinero, el sexo y los vicios con los que se pudiera soñar, nada merecería la pena. Nada valdría el tiempo, el trabajo y el sacrificio que requiere, por no hablar de la fuerza de voluntad necesaria. ¿Cómo podríamos entonces darle un valor?

Hay un proverbio que dice: "Lo que fácil llega, fácil se va". También puede interpretarse en el sentido de que aquello que fue sencillo de conseguir, tanto si fue más sencillo de lo esperado como si no, acabará desapareciendo. Si no hemos tenido que esforzarnos ni sacrificarnos, si no nos ha resultado "duro", si no hemos tenido que concentrarnos y prestar atención, si no hemos tenido que renunciar a nuestro tiempo libre para conseguirlo, entonces no significará prácticamente nada. Se colocará un marcador mental en nuestra cabeza como diciendo: "Ja, lo conseguí rápida y fácilmente, puedo tenerlo cuando quiera y habrá muchos más como éste". Entonces creerás que, si no te funciona, puedes coger otro y otro sin pararte a apreciar la experiencia ni valorar nada y seguirás creyendo esto aunque no te funcione.

Llegué a la conclusión de que un capítulo con el título "A veces, menos es mucho más" sería beneficioso por varias razones, entre ellas ésta. A pesar de que puede parecer una idea sencilla que puede resumirse en unas pocas frases, a muchas personas les resulta difícil asimilarla.

"Menos es más" no significa creer que tienes muy poco, sino tener la actitud de que lo que tienes es suficiente; significa estar agradecido por lo que eres y por lo que tienes; significa ser consciente de la abundancia de amor y belleza que nos rodea.

Por eso utilizo la palabra "piensa" cuando escribo "piensa que tienes poco", y por eso utilizo la palabra "siente" cuando escribo "siente que lo que tienes es suficiente", porque pensar no tiene por qué implicar conciencia por tu parte; todos pensamos todos los días sin tener que formar parte de esa "acción" y la mayoría de las veces pensar ocurre sin que tengamos que hacer absolutamente nada. Por eso uso la palabra "sentir" cuando escribo "siente que lo que tienes es suficiente". Porque la emoción es un asunto completamente distinto. Aunque no lo percibamos así, la mayoría de las veces que sentimos estamos tomando una decisión, aunque no nos demos cuenta. Primero pienso, ya sea consciente o inconscientemente. Después viene el sentimiento y luego la sensación. Hace falta más participación por nuestra parte para sentir que para pensar.

Si se nos ocurre un pensamiento de la nada y le prestamos toda nuestra atención durante un tiempo predeterminado, tomamos la decisión consciente de sentirnos de una determinada manera y esto da lugar a una sensación que puede ser positiva o negativa, dependiendo de la naturaleza del pensamiento y del grado en que podamos visualizarlo.

Ejercicio:

Fíjate en todo lo que ocurre en tu vida: ¿tienes casa, familia, trabajo, amigos, pareja, comes más de una vez al día, estás sano, tienes tiempo libre, puedes hacer ejercicio, leer o ir a un restaurante nuevo? ¿Comes más de una vez al día? ¿Tienes pareja? Entonces tienes acceso a mucho más que el 75% de toda la población.

Respira hondo y di suavemente en voz alta *"agradezco este momento y la experiencia que estoy recibiendo"* mientras sientes el poder de las palabras de agradecimiento que estás leyendo. Gracias.

Repite estas palabras en voz alta: *"soy afortunado porque tengo casa, comida, salud, trabajo, amigos y amor. Como resultado de mi gran fortuna y del hecho de que estoy rodeado de abundancia, no necesito nada más para ser feliz. La felicidad ya me ha encontrado. Llevo una buena vida.*

Mientras respiro profunda y lentamente, una sonrisa se dibuja en mi rostro. Además, hago todo lo que puedo para garantizar la felicidad de quienes me rodean.

Muchas gracias, mundo. Gracias aire. Agradezco el sol radiante. Agradezco a la vida".

Deseo de todo corazón para que el poder de estas palabras resuene en ti e impregne tu ser. Ten en cuenta que puedes reforzar algo en tu mente repitiendo estas afirmaciones siempre que quieras, así como otras que tú mismo desarrolles, con el fin de fortalecer algo. El poder no sólo reside en las palabras en sí, sino también en el significado que transmiten y en la perspectiva desde la que se leen.

Tienes mucho poder. Una de las muchas formas en las que tu mente posee la capacidad de aportarte calma interior y satisfacción es de la que te acabas de dar cuenta. Nunca olvides el poder que posees.

Disfrutamos de una posición privilegiada. Como decía antes, la tristeza y el aburrimiento son cuestiones más comunes en el primer mundo, o en Occidente. Sólo aquí nos desviamos tan fácilmente por tantos estímulos externos que somos incapaces de detenernos unos minutos y respirar lenta y profundamente para sentir nuestro cuerpo, entrenar nuestra mente para que vaya más despacio y alimentar nuestro propio sentido de la serenidad.

EL MÉTODO PARA ALCANZAR LA ABUNDANCIA

El concepto de abundancia puede sonar a tener mucho dinero, llevar un estilo de vida lujoso y derrochar. Sin embargo, también es un término espiritual que puede utilizarse para describir todas las cosas positivas que nos llegan y están a nuestro alrededor. Darse cuenta de que hemos sido bendecidos nos lleva a tener sentimientos de agradecimiento, tener esos sentimientos de gratitud nos lleva a tener sentimientos de bienestar y tener esos sentimientos de felicidad es el secreto para tener abundancia.

Como en la naturaleza no pasan tantas cosas como en la ciudad, la gente de ciudad puede considerar que estar en el centro de la naturaleza carece de interés. En cambio, estar en una montaña puede ser una aventura absolutamente alucinante para otra persona que venga del mismo pueblo, del mismo barrio o incluso de la misma familia que tú. El mismo lugar de nacimiento, un ADN muy idéntico... ¿qué hay de diferente? Los ojos que asimilan el paisaje y el ángulo de visión.

Cualquier cosa a la que prestemos atención crece en nuestras vidas. Si nos centramos en lo negativo, estamos enviando al mundo el mensaje de que nos complace lo negativo, lo que dará lugar a la manifestación de más sucesos negativos. Por otro lado, si elegimos pensar en positivo y apreciar todo lo que nos hace ser quienes somos y todo lo que nos rodea, experimentaremos una vida llena de abundancia.

Si doy un paseo por el parque, es posible que me encuentre pensando en los estresantes acontecimientos del día anterior en el trabajo, en las pocas ganas que tengo de presentarme al día siguiente y en el tiempo que me queda para completar esa ardua tarea... Y, de repente, nos ocurre algo desagradable; o pisamos un excremento de perro, o nos llevamos un susto al cruzar la calle por no haber prestado atención y no haber mirado antes de cruzar, o suena el teléfono y alguien nos comunica una información desagradable. Parece que esto sea a propósito ¿Desde cuándo te ocurre una cosa horrible y luego parece que justo detrás le sigue otra, y luego otra, y luego otra...? Sin embargo, no es así, sino que se debe a que nuestro filtro interno hace que nos concentremos únicamente en los aspectos negativos de la situación, ignorando todos y cada uno de los aspectos positivos.

Posiblemente, si no hubiéramos estado tan preocupados por nuestros propios pensamientos mientras paseábamos por el parque, nos habríamos fijado en el día tan maravilloso que hacía, o en esas curiosas flores que habían crecido a un lado de la carretera, o en esa niña que jugaba con su perro y se moría de risa cada vez que le devolvía la pelota. Todas esas son cosas que podríamos habernos detenido a apreciar si no hubiéramos estado tan preocupados por nuestros propios pensamientos.

Lo que deseas ver es lo que es la vida. Es una combinación de sucesos imprevistos que se organizan de forma precisa junto con tu perspectiva y tu forma de ver las cosas en el mundo.

Dicen que la actitud lo es todo y esas personas no se equivocan lo más mínimo. Una persona puede encontrar tedioso o poco atractivo un determinado acontecimiento, mientras que otra puede encontrarlo fascinante e intensamente placentero. Sí, todos somos únicos. Sin embargo, si soy incapaz de reconocer, valorar y expresar gratitud por la tremenda riqueza que me rodea ¿no debería hacer un esfuerzo por modificar mi forma de pensar para poder hacerlo?

Lo que algunos consideran sobras, otros lo consideran comida. Lo que puede ser una experiencia desagradable para ti puede ser una oportunidad de crecimiento para otra persona. La idea que algunos tienen del infierno es la idea que otra persona tiene del trabajo y la fuerza de voluntad. Y si, después de leer estas líneas, sigues siendo incapaz de reconocer la abundancia que te rodea, como hacen otras personas, entonces quizá tú deberías ser otro. Cambia. Medita, crece, edúcate y transforma tu ser. Adopta otro papel. Sé la persona que te imaginas ser. La persona que encuentra placer en un día nublado tanto como en un día soleado, la persona que puede poner una sonrisa en la cara de alguien que está teniendo un mal día y hacer así su día mejor. Sé esa persona que ofrece ayuda sin esperar recibir nada a cambio. Si sabes en quién te gustaría convertirte y aún no lo has hecho, deberías ponerte manos a la obra de inmediato, porque cada vez queda menos tiempo para comprender. Cada día se escapan momentos, aventuras, sentimientos, risas, amistades y la vida misma. Otra persona lo vivirá en tu lugar si tú no estás aquí para hacerlo. Pero no serás tú, sino otra persona. Si no puedes reír a carcajadas sin motivo, si no puedes sonreír a un desconocido, entonces sé otra persona. Si no te gusta este día, no importa cómo sea, si estás harto de tu trabajo y sigues en él, entonces sé otra persona.

Hay mucho disponible en todas las formas y entornos. Es sustento; es combustible; es energía; es amor; es melodía; es alegría; es vida. Es cuando conoces a alguien por primera vez e inmediatamente sientes que ya lo conoces de antes gracias a su maravillosa charla. Es como si estuvieras paseando por una calle desconocida y, de repente, vieras un restaurante que sirve cocina de otra cultura y decidieras entrar para probar sabores inusuales. Es cuando descubres a un cantante nuevo y te enamoras al instante de prácticamente todos sus temas. Cuando visitas una nación extranjera por primera vez y descubres que tienes una impresión tremendamente positiva de la cultura y sientes que te gustaría vivir allí. Si has sentido algo parecido, entonces has experimentado la abundancia. Pero nada de esto ocurrirá si no eres capaz de apreciar la abundancia que tienes ante ti y si todo lo que ves en el cielo son nubes sombrías. Hay veces en que las cosas ni siquiera existen y, sin embargo, nos las inventamos. Sobre todo, porque pensamos, actuamos y materializamos. Por tanto, somos, en cierta medida, los creadores de la realidad que experimentamos. En la escuela nunca nos enseñaron a diseñar nuestras vidas ni a escribir nuestros destinos, pero nunca es tarde para adquirir nuevas habilidades; aprender es algo que puedes hacer en cualquier momento de tu vida.

Ejercicio:

Cuando salgas del trabajo o cuando acabe el día, vete a tu casa y busca un sitio cómodo para sentarte. Respira lenta y profundamente unas cuantas veces para tranquilizarte. Dedica un momento a abrir tu diario o cuaderno habitual y anota la fecha actual. Pon por escrito dos experiencias positivas que hayas tenido hoy, ya sean palabras que te hayan dicho otras personas o sentimientos que hayas tenido, cosas que te hayan ocurrido o en las que te hayas fijado. Algo fresco y que te levante el ánimo. Si te sientes seguro, escribe más, tantas como quieras. Ahora léelas de nuevo ¿qué sensación te producen?

Repite este ejercicio todos los días durante un mes. De este modo, estamos educando la mente para que se centre en lo bueno de nuestra vida. De este modo eliminamos la negatividad y la depresión o insatisfacción. Al hacerlo, cultivamos la conciencia de la abundancia ilimitada que nos rodea y de la que formamos parte en cada momento de nuestra vida.

INCOMODIDAD POSITIVA

Después de tomar conciencia de la importancia de salir de la zona de confort, esta idea quedó profundamente arraigada en mi mente. O, dicho de otro modo, en lugar de esperar sentado a que surja la oportunidad adecuada, hay que actuar, aprovechar el momento y hacerlo adecuado.

Sabemos muy bien que somos criaturas de rutina y que, cuando llegamos a casa, preferimos quitarnos las zapatillas, tomar algo, cenar, leer un libro o ver una película, según lo que nos apetezca en ese momento. Es un método para sentirnos en paz y no tiene nada de terrible, al menos cuando se encuentra en el equilibrio adecuado. Nos sentimos seguros y cómodos en nuestro hogar y en la tranquilidad que nos proporciona el hábito.

Sin embargo, si mantener ese hábito cómodo nos impide trabajar en nosotros mismos, arriesgarnos en nuevos proyectos o crear nuevas conexiones, o participar en una variedad de actividades para obtener una amplitud de experiencias, entonces no puede ser especialmente beneficioso.

Hasta cierto punto, la comodidad es positiva, pero si queremos desarrollarnos como personas o empresarios, abusar de los beneficios de la comodidad puede ser extremadamente destructivo para nuestros esfuerzos y futuro.

Ni que decir tiene que a todos nos gusta sentirnos a gusto en nuestra casa o con alguna circunstancia, actividad o empresa que ya dominamos. La voluntad de querer mejorar, por otra parte, o el impulso de alcanzar nuestro límite y luego superarlo, es algo muy positivo y satisfactorio.

Tenemos que aceptar que la gran mayoría de la información que conocemos procede de la experiencia y, más concretamente, de situaciones desagradables, ya que es cuando más aprendemos.

La diversión y la educación pueden encontrarse en todos los aspectos de la vida; por lo tanto, no hay razón para no hacer un buen uso de esta información. Propongámonos fracasar con frecuencia. No sugiero que fracases a propósito, pero deberías intentar nuevas ideas, probar nuevos proyectos, fracasar, aprender y adaptarte.

Las personas que han alcanzado un gran éxito suelen hablar del valor de los reveses, o de los "fracasos" que el resto de nosotros solemos ver con tanto desprecio. Sin embargo, no son lo mismo. Presentan posibilidades maravillosas para la educación, el avance y la persecución de los propios objetivos. Es seguro decir que casi nadie lo hace bien la primera vez que lo intenta, así que el mero hecho de tener la oportunidad de hacerlo de nuevo es un privilegio. Ahora que hemos tenido un momento para recuperar el aliento, pensemos en cómo podemos hacer que el próximo intento sea aún mejor y entonces démoslo todo.

Considere el siguiente escenario como una ilustración concreta de lo que debe hacer cuando quiere ir al gimnasio o hacer ejercicio:

Cuando nos vamos a dormir la noche anterior nos motivamos y nos convencemos de que eso es lo que queremos conseguir, pensamos en empezar el día siguiente o la semana a tope y, cuando nos despertamos, nos decimos: "¡Puedo hacerlo!". A la hora de la verdad, encontramos mil y una excusas persuasivas para no hacerlo porque nos da pereza, nos duele algo o cualquier otra cosa.

Ya no parece una elección que se pueda hacer, sino un deber que hay que cumplir. Y, si lo piensas, eso arruina toda la experiencia, ¿no?

Incluso al hacer algo que requiere poco esfuerzo, nos produce una gran satisfacción y nos hace sentirnos positivos y realizados, nos resulta extremadamente difícil apagar los pensamientos que nos rondan por la cabeza, levantarnos del sofá donde estamos seguros y dedicarnos a una actividad que nos resulte gratificante. Pero creo que el hecho de hacer algo diferente o de salir de nuestra zona de confort, es lo que nos impulsa a rechazarlo en primer lugar.

Puede que nos cueste ir a entrenar. Pero una vez que estamos en mitad del entrenamiento, entre cinco y diez minutos después de empezar, tenemos una sensación fantástica, nuestra mente está tranquila y libre de estrés, podemos sentir la sangre circulando por todo el cuerpo, dándole energía y cuando termina el entrenamiento, ¡nos sentimos ganadores!

Ejercicio:

Piensa en las actividades que sueles realizar a lo largo del día, pero que haces de mala gana o porque te falta entusiasmo para ello. Vamos a ajustar esa perspectiva y mentalidad para que puedas abordarlas con entusiasmo y energía positiva. Imagina lo que puede ocurrir si lo hacemos todo de esta manera: si adoptas una perspectiva más optimista, el entorno que te rodea cambiará radicalmente.

Es de suma importancia reafirmar y persuadirse de que la motivación de nuestras acciones es el bienestar, no la obligación o el deber. Antes de empezar con el ejercicio, podemos incluso afirmarlo en voz alta numerosas veces antes de hacerlo.

Por ejemplo, asegúrate de acordarte de decir en voz alta cosas como "quiero nadar", "me gusta mucho" y "me siento fantástico". Esto puede ayudarte a sentirte más satisfecho y orgulloso de ti mismo, además de potenciar tu salud y tu forma física. Insiste en que debes decir "quiero nadar" en lugar de "tengo que nadar". Es importante hacerlo con frecuencia para reforzar este sentimiento edificante de desarrollo personal. De este modo, cada vez que empecemos a sentirnos desmotivados para realizar una determinada actividad que nos exija abandonar el sofá o nuestra zona de confort, podremos traer a la mente el hecho de que es beneficiosa para nosotros, lo bien que nos sentimos mientras la practicamos y cómo, al final del día, nos sentimos orgullosos y satisfechos del esfuerzo que hemos realizado.

Esto no tiene nada que ver con saltar de un avión en paracaídas. O sí. Hablo de ser lo bastante valiente para probar cosas nuevas y de aceptar los sentimientos de inseguridad e incertidumbre que conlleva aventurarse en territorio desconocido. Hablo de hacer un esfuerzo por modificar el propio comportamiento y tomar una ruta alternativa. Puede que "fracasemos" por el hecho de ser nuevos en ese hábitat, o puede que encontremos algo diferente que nos abra los ojos y nos proporcione lo que llevamos tanto tiempo buscando y lo que más necesitábamos.

Si consigues encontrar tu ritmo, verás que convertirte en una versión mejor de ti mismo no sólo no es aterrador, sino que es una de las cosas más emocionantes y satisfactorias que puedes hacer en tu vida.

Ser capaz de proponerte algo y llevarlo a cabo es ser capaz de materializar tus ideas en el mundo físico. De este modo, lo intangible se hace real. Es un milagro. Y la vida misma es una experiencia mágica.

INTERPRETACIÓN NEUTRAL

Es inevitable, o, mejor dicho, es casi imposible, que no juzguemos algo cuando vemos las acciones de otra persona o nos cuentan una historia sobre algo que acaba de ocurrir. Podemos juzgarlo como bueno, correcto, equivocado u horrible, pero casi nunca consigue pasarnos por alto. Es necesario que expresemos nuestra opinión. Es la forma en que exponemos nuestros ideales y defendemos lo que somos, la forma en que empatizamos con los demás o nos diferenciamos y la forma en la que nos expresamos. Y no te equivocas en absoluto. Pero aquí viene lo curioso: cuando creamos algo bueno, es decir, cuando establecemos en nuestra mente que un hecho o un concepto es correcto, o que conseguir algo determinado es lo ideal, sin quererlo, también estamos creando algo malo, porque damos vida a su contrario. Es muy interesante reflexionar sobre esto. Por decirlo de otra manera, el hecho de que aún no hayamos logrado el objetivo positivo que nos hemos propuesto es un inconveniente. Por ejemplo, si tuviéramos la intención de terminar la carrera (algo positivo) pero no pudiéramos hacerlo (algo negativo) debido a circunstancias imprevistas, como que nuestro padre enfermara y tuviéramos que empezar a trabajar antes de poder hacerlo, tendríamos emociones negativas. Como lo que debía hacernos sentir bien no se hizo realidad o no lo conseguimos, no estamos de buen humor. Inconscientemente, hemos entrenado nuestra mente con el concepto de que no es ético que obtengamos lo contrario de lo que deseábamos o que no consigamos lo excelente que queríamos. Esto nos ha llevado a creer que es malo para nosotros tener cualquiera de estos resultados. Es bastante común oír a la gente decir cosas como: "no conseguí ese trabajo que quería", "tengo treinta años y aún no me he casado", "quería haber tenido hijos antes de los treinta y cinco" y otras afirmaciones similares.

Evidentemente, se trata de verdades que a cualquiera le resultarían molestas o preferiría ignorar por el momento. También hay hechos que son sin duda perversos y no hay otra forma de verlos, como los crímenes, los homicidios, las agresiones sexuales y una larga lista de ejemplos más. Eso es algo indiscutible. Pero lo que realmente nos importa en este contexto son las realidades de nuestra existencia cotidiana.

Dado que debemos enfrentarnos a los condicionamientos mentales humanos que han hecho mella en nosotros durante siglos, será necesario ser muy conscientes de nuestras reacciones inconscientes para poder aplicar con éxito el concepto de la interpretación neutra, a pesar de que su explicación sea sencilla y su aplicación suponga un reto.

Una interpretación neutra implica mantener bajo control la propia personalidad y el propio sentido del juicio para poder reconocer que algo no es ni positivo ni negativo, sino que simplemente ES. Créeme si te digo que simplemente plantearte conseguir esto ya es una evolución positiva. Implica distanciarse de la mente y de los engaños que puede producir, así como impedir que la mente forme juicios que nos lleven en la dirección equivocada o que no nos aporten ningún beneficio.

Por ejemplo, si yo condujera por la carretera y alguien cruzara delante de mí de forma peligrosa, haría sonar el claxon para darle un aviso acústico. Si, a continuación cambia repentinamente de carril y frena, llega a mi altura y me grita, me insulta o hace gestos agresivos con la mano, yo podría seguir su corriente energética y gritarle e insultarle también, haciéndome cómplice de su mal comportamiento y pagando, al menos enérgicamente, las consecuencias de sus errores. Como no soy capaz de prestar toda mi atención a la carretera mientras estoy enfadado, estoy aumentando la probabilidad de ser yo quien provoque un accidente. Esto podría acabar siendo un problema aún peor.

Sin embargo, también podemos simplemente respirar hondo, sonreír y hacer un gesto que exprese nuestro pesar por lo sucedido, aunque ni siquiera haya sido culpa nuestra, y continuar nuestro camino sin más problemas. De esta manera, evitaríamos que su energía negativa nos afectara y contaminara y podríamos continuar nuestro camino sin ser dañados, manteniendo la pureza de nuestra vibración. Si no permites que algo te afecte, entonces no podrá hacerlo. Según un conocido proverbio, "no ofende quien quiere, sino quien puede". Por eso, no debes darle a una situación la oportunidad de molestarte. No se trata de adoptar una postura defensiva, sino de contraatacar positivamente. Se trata de aceptar y soltar apegos. Reconoce que esa conducta no tiene sentido y devuélvela al lugar de donde vino.

El problema no es nuestro hasta el momento en que decidimos responsabilizarnos de él respondiendo de forma negativa. No es necesario reaccionar, sino actuar, lo que implica aceptar lo que ocurre y dejarlo pasar o ignorarlo. Sin embargo, hay situaciones en las que ni siquiera es necesario actuar.

Nada de esto tiene que ver con humillarse o dejarse maltratar por otra persona. En la vida real, casi nunca hay una respuesta absolutamente correcta o incorrecta; en cambio, hay una variedad casi infinita de tonos de gris.

Ten en cuenta lo siguiente: la próxima vez que te invada el odio o el resentimiento por el comportamiento descortés o el abuso de alguien, tómate un momento para reflexionar sobre si merece la pena perder todo un día enfadado o resentido sólo porque alguien te hizo perder un minuto de tu tiempo con palabras, intenciones o modales descorteses.

Ejercicio:

Simplemente retírate de la situación si estás siendo atormentado por energías negativas, si eres objeto de críticas severas o si sientes que tu equilibrio emocional o energético está en peligro. No lo interpretes, no lo acuses y no lo juzgues de ninguna manera, independientemente de si es factible alejarse o no. Centra tu atención en la respiración y toma conciencia de tu cuerpo. Tienes la capacidad de decirte a ti mismo cosas como: "no eres mío, no me perteneces y no te quiero aquí".

O puedes que simplemente digas: "¡al final no conseguiré nada!".

También puedes decir algo como: "agradecemos su participación. Recibirá noticias nuestras en un futuro próximo".

Tú eres quien da existencia a todo lo que deseas o no deseas tener en tu vida y también eres quien lo lleva todo a su fin. Aprovecha tus ideas y no les des la oportunidad de que ellas puedan aprovecharse de ti; créeme cuando te digo que lo harán si no encuentran a nadie que dirija el barco cuando lleguen. Utiliza tus ideas en tu beneficio.

LEY DE LA ATRACCIÓN

Nunca me cansaré de decir que somos seres creativos porque es la verdad. Como se mencionó en el capítulo titulado "Frecuencia alta", nuestras ideas sirven como la materia prima a partir de la cual se construyen nuestros sueños. Tenemos la capacidad de tomar algo que es intangible y etéreo y transformarlo en algo que es sólido, "real" y material que existe en el mundo. Si tomamos la decisión de estudiar una carrera porque queremos ser, por ejemplo, periodistas, tendremos que asistir a la escuela durante varios años, estudiar, hacer exámenes y, finalmente, obtener el título. Vamos a buscar trabajo y, al final, nos vamos a encontrar trabajando como periodistas. Lo hemos conseguido. Algo que antes sólo era un concepto en nuestras cabezas se ha convertido en un hecho como resultado de nuestras acciones.

La inmensa mayoría de nosotros ignora por completo la magnitud de este poder. No nos lo mostraron ni nos enseñaron a utilizarlo cuando éramos niños. Sin embargo, a lo largo de nuestras vidas, hay momentos en los que nos damos cuenta de que hay algo más que determina nuestras vidas que los resultados de sucesos aleatorios o casuales. Estabas reflexionando sobre un viejo conocido con el que no habías hablado en unas semanas cuando, de repente, te llama por teléfono. O conoces a alguien por primera vez y al día siguiente te lo vuelves a encontrar en otro sitio; o estás buscando trabajo y alguien te ofrece una oportunidad única mientras mantienes una conversación con él, etc. Sincronicidad es el término que Carl Jung utilizó para describir lo que algunas personas denominan casualidad o causalidad.

La palabra "sí" la comunica el universo a través del fenómeno de la sincronicidad. Es la forma de saber que estás pasando tu tiempo con la persona adecuada, en el lugar adecuado y en el momento oportuno. Si aprovechas al máximo esa oportunidad, sin duda aprenderás algo importante o estarás en posición de aprender o ayudar a otra persona de alguna manera. Cuando te encuentres preguntándote "¡cómo es posible, qué casualidad!", entonces es el momento perfecto para estar completamente atento y sensible a lo que ocurre a tu alrededor. Es posible que ocurra algo extraordinario, como una oportunidad para avanzar profesional o emocionalmente, o incluso ambas cosas.

Nuestro subconsciente regula nuestra existencia. Durante nuestro tiempo aquí en la Tierra, estamos expuestos a una plétora de estímulos, experiencias y recuerdos, todos los cuales contribuyen a la programación de nuestro yo inconsciente. Todo este conocimiento contribuye a la construcción de un aspecto singular de nuestra identidad, una perspectiva personal que determina cómo respondemos, si es que respondemos, a los acontecimientos de la vida cotidiana. Esta cadena inconsciente de impulsos o reacciones instintivas tiene un impacto decisivo en nuestra visión del mundo y modifica la forma en que percibimos las cosas que están en nuestro entorno inmediato.

Si tuvimos una infancia difícil, es posible que desconfiemos de alguien que quiere abrirse a nosotros o que nos trata bien. También, es posible que nos suceda al contrario: a la menor oportunidad que veamos de confiar en alguien, lo hacemos a ciegas y sin esperar a que esa confianza se genere de forma natural, lo que puede provocar que la otra persona se asuste y huya, o que se aprovechen de nosotros y nos utilicen.

Como siempre ha sido así, una parte importante de nuestras vidas está totalmente controlada por el subconsciente, pero no somos conscientes de este hecho. ¿Y si, por el contrario, pudiéramos construir una versión más feliz y optimista de nosotros mismos influyendo de forma natural en nuestro subconsciente? Eso no es imposible, pero requerirá trabajo y dedicación por tu parte, como prácticamente todo lo que merece la pena en la vida.

No va a ocurrir en un abrir y cerrar de ojos, ni de la noche a la mañana que nos convirtamos en la mejor versión de nosotros mismos. Si lo hiciéramos, no conseguiríamos gran cosa y, al cabo de un tiempo, probablemente empezaríamos a aburrirnos de ello, momento en el que volveríamos a las andadas. El vino tarda años en envejecer. El tiempo, la comunicación, el afecto, la comprensión mutua y la atención a los detalles son los pilares de una relación sana. Hace falta algo más que agua y sol para que un árbol sea robusto y frondoso; también hace falta tiempo y amor. Por lo tanto, no tengamos la expectativa de que podremos arreglar todos nuestros problemas de comportamiento o percepción en un santiamén.

Cuando tengo un mal pensamiento, o cuando algo me incita a centrarme en cosas que son injustas o que no hacen nada por mí, me gusta recordar una frase que escribí hace algún tiempo y que dice así:

"La perfección no existe. Cuando lo aceptas, todo se vuelve perfecto".

Lo que debería ser impecable no es el entorno físico en el que vivimos, sino nuestros métodos para verlo y valorarlo. Todos cometemos errores y a veces en la naturaleza ocurren cosas que, según nuestro punto de vista, pueden parecer extremadamente crueles y destructivas. Pero la forma de ver el mundo determina cómo lo vemos y no al revés.

Si modificas tu forma de percibir el mundo, el mundo que te rodea también cambiará.

Ejercicio:

Si queremos conseguir un objetivo grande o a largo plazo, es muy útil y crucial crear esas tareas o metas más pequeñas necesarias para alcanzar el objetivo final. Establecer estas metas y tareas más pequeñas es la clave del éxito. Juntos, conseguiremos avances significativos con el tiempo. Para ir a algún sitio, caminar es el medio de transporte más eficaz. Aprender y crecer como individuo es un viaje que sin duda se disfruta. Un pequeño porcentaje de personas tiene las agallas de emprender este viaje para evolucionar en muchas facetas de su vida.

El plan es escribir en un papel un objetivo grande que quisieras lograr a largo plazo. Ahora define metas mensuales que necesites lograr para alcanzarlos. Perfecto. Ahora ya sabes que tareas debes realizar semanal o diariamente para estar cada día un poco más cerca de tu gran objetivo. ¡A por ello!

1. En la primera página en blanco de tu flamante y reluciente cuaderno, anota el título de un objetivo importante que te hayas marcado. Tu trabajo ideal, tu plan de vida, tus objetivos deportivos, tu casa perfecta, tu independencia de preocupaciones monetarias... ahora escribe, debajo de ese título significativo, todas las metas o tareas más pequeñas que son necesarias para alcanzar tu objetivo final. No seas descuidado con los detalles. Ahora debes ser consciente de que el objetivo que te has fijado tiene un valor significativo y que estarás agradecido por ello una vez lo hayas logrado. A medida que vayas completando día a día las pequeñas tareas enumeradas en el cuaderno, te irás acercando a la consecución de tu objetivo general.

Estudia, investiga, habla con personas que ya sepan o estén teniendo éxito en algo similar y versiona lo que hicieron para triunfar con el fin de averiguar y practicar lo qué hicieron para conseguirlo. Si hay algún punto en el que sientes que no avanzas, prueba nuevas estrategias y diferentes formas de conseguirlo. El simple hecho de plasmarlo por escrito es el primer paso para convertirlo en un plan concreto que, con el tiempo, pueda hacerse realidad.

2.   Repite diariamente, en voz alta, qué es lo que quieres hacer, las razones que te impulsan a ello y actúa y habla como si ya lo hubieras conseguido. Es decir, por ejemplo: "tengo una casa blanca modular de dos pisos en el campo. Un huerto precioso y placas solares. La disfruto mucho y tomo el sol en verano en el jardín con mi mujer y mis hijos". Visualízate en esa circunstancia, habiendo completado con éxito tu objetivo y hazlo con todo lujo de detalles. Imagina qué ropa te pondrías, cómo hablarías, la casa en la que vivirías y, lo más importante, cómo te sentirías si todas estas cosas fueran realidad. Escríbelo todo y luego léelo en voz alta como si ya lo supieras todo. Sin vacilar, con entusiasmo y determinación. Si combinas todas estas estrategias, podrás conseguir todo lo que te propongas. Siente el poder de la creatividad fluyendo desde tu interior mientras practicas la gratitud por todo este proceso de desarrollo. Convertirte en un imán para cualquier cosa que desees atraer a su vida puede lograrse siguiendo los pasos descritos anteriormente.

Si tienes fuerza de voluntad y determinación, puedes conseguir todo lo que te propongas.

SENTIR MÁS Y PENSAR MENOS

Observa cómo el paso del tiempo parece volar, cómo se te ocurren las bromas más finas, lo agradecido y alegre que estás y cómo compartes esa energía positiva y ese afecto con todos los que te rodean cuando recibes una buena noticia y la celebras. En esta apretada agenda no hay lugar para que la mente se entrometa con su interminable parloteo e incesante ruido de pensamientos vacíos. Estamos tan ocupados por vivir en el aquí y ahora, en el presente, o, lo que es lo mismo, por pensar menos y sentir más, que tenemos poco tiempo para pensar en el pasado o en el futuro. ¿Y no crees que sería increíble pasar la totalidad de tu vida, o, al menos, la mayor parte de ella, en un estado de dicha similar a éste?

Sin duda es una posibilidad si centramos nuestra atención en los momentos de nuestra vida en los que funcionamos con el "piloto automático" y en los momentos en los que tenemos un control total sobre lo que estamos haciendo. Si nos dejamos distraer por cosas como pensar en nuestras preocupaciones o problemas, mirar el móvil o la televisión, nuestra mente trabaja por nosotros y tenemos muy poco control sobre su funcionamiento. Nuestro aprecio por la realidad disminuye y caemos en un ciclo de apatía, indiferencia y, lo que es más grave, una menor capacidad para el pensamiento original y el esfuerzo productivo.

Si, por el contrario, estamos completamente absortos en una actividad, un deporte, un trabajo apasionante o una conversación significativa con otra persona, entonces estamos viviendo el aquí y el ahora; somos más ALMA que MENTE; estamos pensando menos y sintiendo más. Es una forma de meditación en acción, porque impedimos que la mente contamine el momento con sus interferencias habituales y damos rienda suelta a nuestra pasión y creatividad. Así es como yo elijo ver las cosas y es la perspectiva que más me ha ayudado a dirigir mi atención y mis esfuerzos hacia vivir en el aquí y ahora, que es donde todo tiene lugar.

Puedes sanar tu alma dedicando una parte de tu energía al cultivo de tu mente. Cuando tomamos conciencia de que los pensamientos surgen espontáneamente en nuestra cabeza, sin motivo ni detonante, y de que muchas veces esos pensamientos no nos aportan nada o nos llevan a actuar o reaccionar de forma negativa, hemos dado el primer paso hacia la toma de conciencia. Estamos sintiendo. En este punto, nuestro corazón guía a nuestra mente. Cuando tenemos ese momento ¡ajá! y nos damos cuenta de que nuestra mente inconsciente no representa lo que somos, pero nuestra mente consciente sí, hemos entrado en el reino mágico. Es gracias a nuestra mente consciente que tenemos elección. Siendo conscientes es como llegamos a las mejores opciones, cuando mezclamos razón y experiencia, pensamientos y sentimientos, mente y alma. Si todo se rigiera por el instinto y no por la conciencia, seguiríamos siendo animales y nos veríamos obligados a asesinarnos para seguir vivos.

Posiblemente, hay veces que no podemos elegir en qué pensar porque el plato ya está puesto ante nosotros. Sin embargo, podemos elegir qué "alimentar", lo que significa que podemos elegir a qué pensamientos prestar atención, cuáles merece la pena desarrollar y cuáles requieren que les dediquemos un tiempo que nunca recuperaremos.

Veámoslo desde esta perspectiva: Algo que no es bueno para mí, algo que puede que ni siquiera haya sucedido, un temor o una preocupación que tengo está rondando por mi cabeza en este momento. Cuando nos imaginamos algo, el tremendo poder de nuestra mente hace que parezca que realmente está ocurriendo. Nuestro cuerpo pone a cada célula a trabajar en ese concepto y toda la emoción, sea positiva o mala, nos inunda y controla. El cuerpo se inunda de hormonas que se crean como resultado de las emociones y, como resultado, perdemos la consciencia de lo que estamos pensando y entramos en un bucle de retroalimentación. No dejes que eso ocurra. Eres libre de terminar el proceso cuando quieras. Porque una vez que una emoción ha llegado a nuestro ser, el razonamiento lógico se desvanece. La mayoría de las veces, somos animales emocionales en vez de animales racionales.

Considera algunos de los sentimientos desfavorables que han sido responsables de tanta devastación en el planeta: La envidia, el fanatismo religioso, el poder, el abuso y el control, la codicia: todas estas cosas no llevan ninguna parte buena y consumen hasta la médula a la persona que las siente.

Ejercicio:

Cuando tengamos un pensamiento que llame a nuestra puerta y no nos haga felices, no nos preocupemos, no sintamos, no le demos valor ni significado y no le prestemos más atención de la absolutamente necesaria. Tal como vino, dejémoslo pasar. En su lugar, hay que concentrarse en cualquier otra cosa. Hasta este punto, a lo largo de este libro hemos analizado diversas estrategias para ayudarte a centrar tu mente en el aquí y ahora y creo que actualmente posees las herramientas necesarias para empezar a lograr este objetivo. Todo puede resumirse de la siguiente manera: cuando una mala idea inconsciente entre en tu mente, sustitúyela inmediatamente por un pensamiento consciente positivo. Si tienes pensamientos negativos, contrarréstalos realizando acciones positivas. Dicho de otro modo, no te dejes llevar por el viaje de tu mente, sino más bien dirígela en la dirección que tú quieras ir. Utiliza las técnicas descritas en los capítulos anteriores, como tocar la pared y sentir cómo se siente, tocar tu cuerpo y ver cómo se siente, tocar tu ropa y ver cómo se siente, concentrarte en tu respiración, cantar, tararear, hablar en voz alta, decir "no me importa, gracias y buen día", hacer ejercicio y escribir en tu cuaderno de poder "nada malo se queda conmigo". Y entonces, tan rápido como puedas procesar la información, desaparecerá. Puedes lograr este objetivo de varias formas distintas; elige el enfoque que más te llame la atención, el que te parezca más natural o el que tenga más sentido para ti.

Estas estrategias para vivir el aquí y el ahora no son en absoluto exhaustivas, ni las únicas que se pueden emplear. Probablemente haya muchas más y, a medida que vayas avanzando, puede que incluso encuentres o se te ocurran algunas nuevas. Los enfoques compartidos en este libro son los que a mí me dieron resultado y me siguen resultando beneficiosos a día de hoy. Deseo sinceramente que alivien parte de tu carga y hagan posible que remontes el vuelo con mayor facilidad.

Te agradezco que estés presente en este momento.

REFLEXIÓN FINAL

Puede que tu viaje interior de superación y desarrollo acabe de empezar, o que ya lleves tiempo caminando, pero el viaje a través de este libro ha concluido con éxito.

Una de las muchas cosas que hacen que la vida sea tan bella es la capacidad de nutrirnos de lo que nos rodea para crecer y desarrollarnos en diferentes niveles. Cuando sentimos que algo nos molesta, tener la capacidad de ir hacia dentro puede ofrecernos una mayor comprensión de cómo funcionan nuestros sentimientos, nuestra salud, mente y alma.

Si alimentamos nuestra mente con pensamientos nutritivos y edificantes, descubriremos que hacerlo tiene grandes efectos en nuestras vidas. Nuestros niveles de energía y fuerza de voluntad, así como nuestra concentración y estado de ánimo, experimentarán mejoras significativas. También dormiremos mejor y, como resultado, tendremos un día maravilloso, lo que conducirá a la creación de un ciclo de bienestar que mejorará considerablemente la calidad de nuestra existencia.

Del mismo modo, si nos esforzamos por ser selectivos con los pensamientos a los que prestamos atención y nos aseguramos de que sólo siguen floreciendo aquellos que aportan algo beneficioso a nuestra vida, nuestro estado de ánimo estará más tranquilo y libre de preocupaciones y ansiedad. Podremos rendir más eficazmente en el trabajo, aumentará nuestra capacidad de juicio, tendremos una perspectiva más optimista y un sinfín de beneficios más.

No debemos culparnos por lo que pensamos inconscientemente; más bien, debemos aceptar la responsabilidad de lo que sentimos, ya que esto requiere más participación por nuestra parte que lo que pensamos inconscientemente. Un pensamiento puede aparecer espontáneamente, pero al prestarle toda nuestra atención, le damos la oportunidad de crecer en poder y en fuerza. Toma una decisión adecuada sobre los aspectos de ti mismo que quieres desarrollar.

De manera similar, nuestra alma requiere la cantidad necesaria de "nutrición". El alma se sentirá a gusto, feliz y agradecida si cuidamos de nuestra mente de diversas maneras y podremos recurrir a ella en los momentos en los que nuestra mente nos "traicione". Cuando somos capaces de sumergirnos por completo en el ahora sin dejarnos desviar por nada más, podemos acceder a nuestra alma, que es el lugar dentro de nosotros donde todo es perfecto, donde no hay problemas, estrés ni dolor.

Sentir viene del alma, mientras que pensar viene de la mente. Si tomamos la decisión de entretener y cultivar únicamente pensamientos felices, el alma nos proporcionará sensaciones y sentimientos de felicidad y bienestar general. Puede que no sea tan fácil como parece ponerlo en práctica, pero como todo lo que merece la pena en la vida, hay que dedicarle un mínimo esfuerzo a algo importante para conseguirlo, cuidarlo y mantenerlo. Una vez que comprendas tu verdadero poder, cada etapa de tu vida te presentará oportunidades para crecer y disfrutar de la abundancia. No dejes pasar la oportunidad de mejorar la calidad de tu vida.

Cuando te sientas estresado o ansioso, o cuando pienses demasiado, vuelve a centrarte en tu cuerpo y recuerda respirar lenta y profundamente. La misma energía que te hace enfadar o estresarte es también la que puede ayudarte a relajarte y sentirte mejor. Sólo tienes que poner en práctica las habilidades necesarias para controlarla y utilizarla en tu beneficio.

Te agradezco que hayas decidido leer mi libro

Deseo de verdad que el viaje a través de las páginas de este libro te haya resultado agradable y que las lecciones y la motivación que has obtenido leyendo mis experiencias te ayuden en tu propio camino hacia tu desarrollo personal, salud mental y felicidad.

Ayúdame a ayudar

Lo más útil que podrías hacer por mí sería escribir una reseña o valoración positiva de mi libro en el sitio web donde lo conseguiste. No te llevará más de unos segundos, pero significaría mucho para mí.

Si valoras positivamente mi trabajo, este podrá llegar a más personas y así tener un efecto positivo en su vida, su salud y su bienestar.

Espero que tus viajes estén llenos de alegría y que encuentres serenidad y abundancia.

Nathan Pace

www.ingramcontent.com/pod-product-compliance
Lightning Source LLC
Chambersburg PA
CBHW061539050726
47593CB00002B/838